Cociña Italiana

Delicias da Toscana

Carla Rossi

CONTIDO

Coello con viño branco e herbas

Coniglio con viño branco

Para 4 racións

Esta é unha receita básica para o coello de Liguria que se pode modificar engadindo olivas negras ou verdes ou outras herbas. Os cociñeiros desta rexión preparan o coello de diversas formas, incluíndo piñóns, cogomelos ou alcachofas.

1 coello (21⁄2 a 3 libras), cortado en 8 anacos

Sal e pementa negra recén moída

3 culleradas de aceite de oliva

1 cebola pequena finamente picada

¹1/2 cunca de cenorias picadas finamente

¹1/2 cunca de apio picado finamente

1 culler de sopa de follas de romeu frescas picadas

1 cucharadita de tomiño fresco picado

1 folla de loureiro

¹1/2 cunca de viño branco seco

1 cunca de caldo de polo

1.Enxágüe os anacos de coello e sécaos con toallas de papel. Espolvoreo con sal e pementa.

2.Quenta o aceite nunha tixola grande a lume medio. Engadir o coello e dourar suavemente por todos os lados durante uns 15 minutos.

3.Dispoña a cebola, a cenoria, o apio e as herbas ao redor dos anacos de coello e cociña ata que a cebola estea branda, uns 5 minutos.

4.Engadir o viño e deixar ferver. Cociña ata que a maior parte do líquido se evapore, uns 2 minutos. Engadir o caldo e deixar ferver. Reducir o lume ao mínimo. Cubra a tixola e cociña, dándolle voltas ao coello de cando en vez cunhas pinzas, ata que estea tenra cando se perfora cun garfo, uns 30 minutos.

5.Transferir o coello a un prato de servir. Cubra e manteña quente. Aumenta o lume e cociña o contido da pota ata que estea reducida e espesa, uns 2 minutos. Desbotar a folla de loureiro.

6.Verter o contido da cazola sobre o coello e servir inmediatamente.

Coello con olivas

Coniglio alla Stimperata

Para 4 racións

O pemento vermello, as olivas verdes e as alcaparras engaden sabor a este prato de coello ao estilo siciliano. O termo alla stimperata aplícase a varias receitas sicilianas, aínda que o seu significado non está claro. Pode vir de stemperara, que significa "disolver, diluír ou revolver" e refírese a engadir auga á pota mentres o coello está a cociñar.

1 coello (21⁄2 a 3 libras), cortado en 8 anacos

¹1/4 cunca de aceite de oliva

3 dentes de allo, picados

1 cunca de olivas verdes sen hueso, lavadas e escurridas

2 pementos vermellos cortados en tiras finas

1 cucharada de alcaparras, lavadas

Un chisco de ourego

Sal e pementa negra recén moída

2 culleradas de vinagre de viño branco

¹1/2 cunca de auga

1.Enxágüe os anacos de coello e sécaos con toallas de papel.

2.Quenta o aceite nunha tixola grande a lume medio. Engadir o coello e dourar ben os anacos por todos os lados uns 15 minutos. Transferir os anacos de coello a un prato.

3.Engade o allo á tixola e cociña durante 1 minuto. Engadir olivas, pementa, alcaparras e ourego. Cociña mentres mexe durante 2 minutos.

4.Volve o coello á tixola. Sazonar con sal e pementa ao gusto. Engade o vinagre e a auga e cociña a lume suave. Reducir o lume ao mínimo. Tapa e cociña, dándolle voltas ao coello de vez en cando, ata que estea tenra cando se perfora cun garfo, uns 30 minutos. Engadir un pouco de auga se o líquido se evapora. Transferir a un prato de servir e servir quente.

Coello, estilo Porchetta

Coniglio en Porchetta

Para 4 racións

A combinación de especias para as carnes de porco é tan deliciosa que os cociñeiros adaptárona a outras carnes máis cómodas de cociñar. O fiúncho silvestre úsase na rexión das Marcas, pero pódense substituír as sementes de fiúncho secas.

1 coello (2½ a 3 libras), cortado en 8 anacos

Sal e pementa negra recén moída

2 culleradas de aceite de oliva

2 onzas de touciño

3 dentes de allo, finamente picados

2 culleradas de romeu fresco picado

1 cucharada de sementes de fiúncho

2 ou 3 follas de salvia

1 folla de loureiro

1 cunca de viño branco seco

¹1/2 cunca de auga

1.Enxágüe os anacos de coello e sécaos con toallas de papel. Espolvoreo con sal e pementa.

2.Nunha tixola o suficientemente grande como para conter os anacos de coello nunha soa capa, quenta o aceite a lume medio. Coloque as pezas nunha bandexa de forno. Repartir o touciño por todas partes. Cociña ata que o coello estea dourado por un lado, uns 8 minutos.

3.Darlle a volta ao coello e espolvoreo allo, romeu, fiúncho, salvia e loureiro por todos os lados. Cando o coello estea dourado polo outro lado, pasados uns 7 minutos, engade o viño e mestura raspando o fondo da tixola. Ferva o viño durante 1 minuto.

4.Cociña sen tapar, dándolle voltas á carne de cando en vez, ata que o coello estea moi tenro e caia do óso, uns 30 minutos. (Engadir un pouco de auga se o prato se seca demasiado.)

5.Desbotar a folla de loureiro. Transferir o coello a un prato de servir e servir quente con zumes de tixola.

Ensalada de arroz e camaróns

Insalata di Riso con Gamberi

Para 4 racións

Fiumicino, nos arredores de Roma, é máis coñecida pola localización dun dos aeroportos máis grandes de Italia, que leva o nome do artista Leonardo Da Vinci. Pero Fiumicino tamén é un porto marítimo onde aos romanos gústalles ir no verán para gozar da brisa fresca e comer nun dos excelentes restaurantes de peixe da costa. En Bastianelli al Molo, sentámonos na terraza baixo un gran paraugas branco e miramos ao mar. Tiven unha comida de varios pratos que incluía esta sinxela ensalada de arroz e camaróns.

O arroz de grans longos cocido endurece cando se arrefría na neveira, así que prepara esta ensalada un pouco antes de servir.

2 cuncas de arroz de grans longos

1/3 cunca de aceite de oliva virxe extra

3 culleradas de zume de limón fresco

1 libra de camarón mediano, descascada e desvenada

1 montón de rúcula

2 tomates medianos, cortados en rodajas

1. Poña 4 cuncas de auga a ferver nunha pota grande. Engade o arroz e 1 cucharadita de sal. Mestura ben. Reduce o lume a baixo, cubra a pota e cociña ata que o arroz estea tenro, de 16 a 18 minutos. Despeje o arroz nunha cunca grande para servir.

2. Nunha tigela pequena, mestura o aceite, o zume de limón e sal e pementa ao gusto. Engade a metade do aderezo ao arroz e deixa arrefriar.

3. Corte os talos de rúcula resistentes e descarte as follas amarelas ou magulladas. Lavar a rúcula en varios cambios de auga fría. Secar moi ben. Picar finamente a rúcula.

4. Ferva 2 litros de auga nunha pota de tamaño mediano. Engadir as gambas e sal ao gusto. Poñer a ferver e cociñar ata que os camaróns estean rosados e só cocidos, uns 2 minutos. Escorrer e arrefriar baixo auga corrente.

5. Cortar os camaróns en anacos pequenos. Engade os camaróns e a rúcula ao arroz. Engade o resto do aderezo e mestura ben. Proba e axusta os condimentos. Decorar con tomates. Servir inmediatamente.

Ensalada de gambas, laranxa e anchoas

Insalata di Gamberi, Arancia e Acciughe

Para 4 racións

Un dos meus restaurantes venecianos favoritos é La Corte Sconta, o "patio escondido". A pesar do seu nome, non é difícil de atopar xa que é unha trattoria moi popular que serve un menú de todos os pratos de marisco. Esta ensalada, aderezada con mostaza de Dijon, inspirouse nunha que tiña alí.

1 cebola vermella pequena, cortada en rodajas finas

2 culleres de té de mostaza de Dijon

1 dente de allo, lixeiramente triturado

4 culleres de té de zume de limón fresco

1/4 cunca de aceite de oliva virxe extra

1 cucharadita de romeu fresco picado

Sal e pementa negra recén moída

24 camaróns grandes, pelados e limpos

4 laranxas do embigo, peladas, eliminadas e cortadas en rodajas

1 lata (2 onzas) de filetes de anchoa, escurridos

1.Poñer as cebolas nunha cunca mediana con auga moi fría para cubrilas. Deixalo repousar 10 minutos. Escorremos a cebola e volvemos cubrir con auga ben fría e deixamos repousar 10 minutos máis. (Isto fará que a cebola teña un sabor menos forte.) Dry the onion.

2.Nunha tigela grande, mestura a mostaza, o allo, o zume de limón, o aceite e o romeu con sal e pementa negra moída ao gusto.

3.Poña unha pota de tamaño mediano con auga a ferver a lume medio. Engadir as gambas e sal ao gusto. Cociña ata que os camaróns estean dourados e cocidos, uns 2 minutos, dependendo do seu tamaño. Escorrer e arrefriar baixo auga corrente.

4.Engade as gambas ao bol co aderezo e mestura ben. Dispoñemos os berros nos pratos de servir. Coloca rodas de laranxa enriba. Botar os camaróns e o aderezo sobre as laranxas. Dispoñemos as rodajas de cebola encima. Servir inmediatamente.

Ensalada de sardiña e rúcula

Ensalada de Sarda

Para 2 racións

Esta ensalada baséase nunha ensalada que tiven en Roma que se servía nunha rebanada máis grosa de pan torrado e serviu como bruschetta. Aínda que me gustou a combinación, era difícil de comer. Prefiro servir o pan como guarnición. As sardiñas enlatadas envasadas en aceite de oliva teñen un delicioso sabor afumado que engade moito a esta sinxela ensalada.

1 montón grande de rúcula

2 culleradas de aceite de oliva

1 cucharada de zume de limón fresco

Sal e pementa negra recén moída

1/2 cunca de olivas negras secas, deshuesadas e cortadas en 2 ou 3 partes

1 lata (3 onzas) de sardiñas en aceite de oliva

2 cebolas verdes, cortadas en rodajas finas

4 rebandas de pan italiano tostado

1.Corte os talos de rúcula resistentes e descarte as follas amarelas ou magulladas. Lavar a rúcula en varios cambios de auga fría. Secar moi ben. Picar finamente a rúcula.

2.Nunha tigela grande, mestura o aceite, o zume de limón e sal e pementa ao gusto. Engade a rúcula, as olivas, as sardiñas e o ceboliño e mestura ben. Proba e axusta os condimentos.

3.Servir inmediatamente con pan tostado.

Ensalada de vieiras á prancha

Insalata di Capesante alla Griglia

Para 3 a 4 porcións.

As vieiras grandes e gordas son deliciosas á prancha e sérvense nunha cama de vexetais e tomates tenros. As vieiras pódense asar nunha grella ao aire libre, pero eu fago esta ensalada durante todo o ano, polo que adoito as vieiras nunha tixola. Esta ensalada inspirouse nunha que adoitaba gozar en I Trulli e Enoteca de Nova York.

Aceite de oliva

1 libra de vieiras grandes, lavadas

2 culleradas de zume de limón fresco

Sal e pementa negra recén moída

2 culleradas de albahaca fresca picada

1 cucharada de menta fresca picada

2 tomates maduros grandes, cortados en anacos pequenos

6 cuncas de leituga nova, cortada en anacos pequenos

1.Quenta unha tixola a lume medio ata que unha pinga de auga chispea na superficie. Cubrir a tixola cun pouco de aceite.

2.Secar as vieiras e poñelas na tixola. Cociña ata que as vieiras estean lixeiramente douradas, uns 2 minutos. Xire as vieiras e cociña ata que estean douradas e lixeiramente translúcidas no centro, de 1 a 2 minutos máis.

3.Nunha tigela grande, mestura o zume de limón con 3 culleradas de aceite. Engadir as vieiras e mesturar ben. Deixar durante 5 minutos, mexendo unha ou dúas veces.

4.Engade as herbas e os tomates ás vieiras e mestura suavemente.

5.Dispoñe a leituga en pratos de servir. Despeje a mestura de vieiras e serve inmediatamente.

Ensalada de cangrexo veneciano

Insalata di Granseola

Fai 6 porcións

Venecia ten moitos bares de viños, chamados bacari, onde a xente se reúne para coñecer amigos e gozar dunha copa de viño e pequenos pratos de comida. Esta delicada ensalada de cangrexos grandes chamada granseole adoita servir como cobertura para crostini. Nos restaurantes máis formais, atoparao servido elegantemente en cuncas de achicoria. É un bo aperitivo para unha comida de verán.

2 culleradas de perexil fresco picado

¹1/4 cunca de aceite de oliva virxe extra

2 culleradas de zume de limón fresco

Sal e pementa negra recén moída a gusto.

1 libra de carne de cangrexo fresca, cortada

follas de radicchio

1.Nunha tigela mediana, mestura o perexil, o aceite, o zume de limón e sal e pementa ao gusto. Engade a carne de cangrexo e mestura ben. Gusto polas especias.

2.Dispoñemos as follas de chicoria nos pratos de servizo. Poñer a ensalada nas follas. Servir inmediatamente.

Ensalada de calamares con rúcula e tomate

Ensalada de calamares

Fai 6 porcións

Os cortes cruzados na superficie dos calamares (calamares) fan que as pezas se enrosquen firmemente mentres se cociñan. Isto non só suaviza os luras, senón que tamén os fai moi atractivos.

Para o mellor sabor, deixe tempo suficiente para marinar. Podes preparar as luras con ata tres horas de antelación.

1 1/2 quilos de luras limpas

2 dentes de allo, picados

2 culleradas de perexil fresco picado

5 culleradas de aceite de oliva

2 culleradas de zume de limón fresco

Sal e pementa negra recén moída

1 montón grande de rúcula

1 cucharada de vinagre balsámico

1 cunca de tomates cherry ou tomates uva, cortados pola metade

1.Cortar as luras lonxitudinalmente e ábreas rectas. Marque os corpos cun coitelo afiado facendo liñas diagonais separadas a uns 1/4 de polgada. Xire o coitelo e faga liñas diagonais na dirección oposta, formando un patrón cruzado. Cortar cada lura en cadrados de 2 polgadas. Cortar a base de cada conxunto de tentáculos pola metade. Lavar e escorrer os anacos e poñelos nun bol.

2.Engade allo, perexil, 2 culleradas de aceite de oliva, zume de limón e sal e pementa a gusto e mestura ben. Cubra e marina ata 3 horas antes de cociñar.

3.Transferir as luras e o adobo a unha tixola grande. Cociña a lume medio-alto, mexendo a miúdo, só ata que os luras estean opacos, uns 5 minutos.

4.Corte os talos de rúcula resistentes e descarte as follas amarelas ou magulladas. Lavar a rúcula en varios cambios de auga fría. Secar moi ben. Picar finamente a rúcula. Coloca a rúcula nunha bandexa.

5.Nunha cunca pequena, mestura as 3 culleradas de aceite e vinagre restantes e engade sal e pementa ao gusto. Despeje a rúcula e mestura ben. Poñer as luras sobre a rúcula. Dispoñemos os tomates por riba e servimos inmediatamente.

Ensalada de lagosta

Insalata di Aragosta

Para 4 a 6 porcións

Cerdeña é famosa polos seus mariscos, especialmente as lagostas, coñecidas como astice, e os camaróns doces. O meu marido e eu comimos esta ensalada fresca nunha pequena trattoria á beira do mar en Alghero mentres observabamos que os pescadores amañan as súas redes para o día seguinte. Un estaba sentado no peirao descalzo. Agarrou un extremo da rede cos dedos dos pés e mantíñaa tensa para que ambas mans puidesen coser.

Esta ensalada pode ser unha comida completa ou un primeiro prato. Unha botella de vernaccia sarda fría sería o acompañamento perfecto.

Algúns peixeiros cociñarán as lagostas ao vapor, aforrándoche un paso.

4 lagostas (uns 11⁄4 libras cada unha)

1 cebola vermella mediana, cortada á metade e cortada en rodajas finas

6 follas de albahaca

4 costelas de apio tenras, cortadas en rodajas finas

Aproximadamente 1/2 cunca de aceite de oliva virxe extra

2 a 3 culleres de sopa de zume de limón fresco

Sal e pementa negra recén moída

Follas de leituga

8 lonxas finas de pan italiano crocante

1 dente de allo

3 tomates maduros grandes, cortados en rodajas

1. Coloque unha reixa ou cesta de vapor no fondo dunha pota o suficientemente grande como para albergar as catro lagostas. (Unha pota de 8 ou 10 cuartos debería funcionar.) Engade auga ata que estea xusto debaixo da reixa. Ferva a auga. Engadir as lagostas e cubrir a pota. Cando a auga ferva de novo e saia vapor da pota, cociña as lagostas durante 10 minutos ou máis, dependendo do seu tamaño. Transferir as lagostas a unha bandexa e deixar arrefriar.

2. Coloque a cebola nunha cunca pequena e cubra con auga xeada. Deixalo repousar 15 minutos. Cambiar a auga e deixar por outros 15 minutos. Escorrer e secar.

3.Mentres tanto, elimina a carne de lagosta da cuncha. Romper as colas de lagosta. Elimina a pel fina que cobre a carne da cola con tesoiras de aves. Golpea as garras co lado romo do coitelo para rompelas. Abre as garras. Elimina a carne cos dedos. Cortar a carne en rodajas finas e colocar nun bol grande.

4.Apila as follas de albahaca e córtaas transversalmente en tiras finas. Engade a albahaca, o apio e a cebola á cunca coa lagosta. Rega con 1/4 cunca de aceite e zume de limón e espolvoreo con sal e pementa ao gusto. Mestura ben. Coloque a mestura de lagosta en catro pratos forrados con follas de leituga.

5.Torra o pan, despois fregao cun dente de allo picado. Botar o aceite restante sobre a tostada e espolvorear con sal. Decorar o prato con torradas e rodajas de tomate. Servir inmediatamente.

Ensalada de feixón e atún toscano

Insalata di Tonno alla Toscana

Fai 6 porcións

Os chefs toscanos son coñecidos pola súa capacidade para cociñar os feixóns á perfección. Tenras, cremosas e cheas de sabor, as fabas elevan un prato común a algo especial, como esta clásica ensalada. Se o atopas, compra ventresca di tonno, ventresca de atún, conservada en bo aceite de oliva. A barriga é considerada a parte máis fina do atún. É máis caro, pero cheo de sabor, cunha textura carnosa.

3 culleradas de aceite de oliva virxe extra

1 a 2 culleres de sopa de zume de limón fresco

Sal e pementa negra recén moída

3 cuncas de feixóns cannellini cocidos ou enlatados, escurridos

2 costelas de apio tenras, cortadas en rodajas finas

1 cebola vermella pequena, cortada en rodajas moi finas

2 latas (7 onzas) de atún italiano envasado en aceite de oliva

2 ou 3 endivias belgas, cortadas e partidas en lanzas

1.Nunha cunca mediana mestura o aceite, o zume de limón e o sal ao gusto e unha cantidade xenerosa de pementa moída.

2.Engadir feixóns, apio, cebola e atún. Mestura ben.

3.Coloque os tallos de escarola nunha bandexa. Despeje a ensalada. Servir inmediatamente.

Ensalada de atún con cuscús

Insalata di Tonno e Cuscusu

Para 4 racións

O cuscús cómese en varias rexións italianas, incluíndo partes de Sicilia e Toscana. A cidade siciliana de San Vito lo Capo acolle cada ano un festival de cuscús que atrae a centos de miles de visitantes de todo o mundo. Tradicionalmente, o cuscús cócese con diversos mariscos, carnes ou verduras e sérvese quente. Esta ensalada rápida de atún e cuscús é un prato moderno e abundante.

1 cunca de cuscús de cocción rápida

Sal

2 culleradas de albahaca fresca picada

3 culleradas de aceite de oliva

2 culleradas de zume de limón

Pementa negra recén moída

1 lata (7 onzas) de atún italiano envasado en aceite de oliva

2 costelas de apio suaves, picadas

1 tomate picado

1 pepino pequeno, pelado, sementado e picado

1.Cociña o cuscús con sal ao gusto, segundo as instrucións do paquete.

2.Nunha cunca pequena, mestura a albahaca, o aceite, o zume de limón e sal e pementa ao gusto. Engade cuscús quente. Mestura ben. Proba e axusta os condimentos. Escorremos o atún e poñémolo nun bol con apio, tomate e pepino.

3.Mestura ben. Proba e axusta os condimentos. Servir a temperatura ambiente ou arrefriar brevemente na neveira.

Ensalada de atún con feixóns e rúcula

Insalata di Tonno, Fagioli e Rucola

Para 2 a 4 racións

Creo que podería escribir un libro enteiro sobre as miñas ensaladas de atún favoritas. Este é un que fago a miúdo para un xantar ou unha cea rápida.

1 acio grande de rúcula ou berro

2 cuncas de feixóns cannellini ou arandos cocidos ou enlatados, escurridos

1 lata (7 onzas) de atún italiano envasado en aceite de oliva

1/4 cunca de cebola vermella picada

2 culleradas de alcaparras, lavadas e escurridas

1 cucharada de zume de limón fresco

Sal e pementa negra recén moída

Rebanadas de limón para decorar

1.Corte os talos duros da rúcula ou dos berros e descarte as follas amareladas ou magulladas. Lavar a rúcula en varios cambios de auga fría. Secar moi ben. Cortar as verduras en anacos do tamaño dun bocado.

2.Nunha ensaladeira grande mestura as fabas, o atún e o seu aceite, a cebola vermella, as alcaparras e o zume de limón. Mestura ben.

3.Engadir verduras e servir decoradas con rodajas de limón.

Ensalada de atún do venres pola noite

Insalata di Venerdi Sera

Para 4 racións

Houbo un tempo no que os venres eran días sen carne nas casas católicas. A cea no noso local consistía normalmente en pasta e feixóns e esta ensalada lixeira.

1 lata (7 onzas) de atún italiano envasado en aceite de oliva

2 costelas de apio con follas, cortadas e cortadas en rodajas

2 tomates medianos, cortados en anacos pequenos

2 ovos duros, pelados e cortados en cuartos

3 ou 4 rodajas de cebola vermella, cortadas en rodajas finas e cortadas en cuartos

Un chisco de ourego seco

2 culleradas de aceite de oliva virxe extra

1/2 cabeza mediana de leituga romana, lavada e seca

Rodas de limón

1.Poñer o atún co aceite nunha cunca grande. Rompe o atún en anacos cun garfo.

2.Engade o apio, os tomates, os ovos e as cebolas ao atún. Espolvoreo con ourego e aceite de oliva e mestura suavemente.

3.Coloque as follas de leituga nunha bandexa. Cubrir con ensalada de atún. Decorar con rodajas de limón e servir inmediatamente.

Gorgonzola e cobertura de abelás

Salsa de gorgonzola e nocciola

Fai aproximadamente 2/3 cunca

Tiven este aderezo en Piamonte, onde se servía con follas de escarola, pero é bo con calquera cantidade de verduras masticables, como frisée, escarola ou espinaca.

4 culleradas de aceite de oliva virxe extra

1 cucharada de vinagre de viño tinto

Sal e pementa negra recén moída

2 culleradas de gorgonzola desmenuzado

¼ cunca de abelás tostadas picadas (ver<u>Como tostar e pelar as noces</u>)

Nunha tigela pequena, mestura aceite, vinagre, sal e pementa ao gusto. Engadir gorgonzola e abelás. Servir inmediatamente.

Topping de crema de limón

Salsa de limón alla Panna

Fai aproximadamente 1⁄3 cunca

Un pouco de crema suaviza o aderezo de limón. Encántame isto nas follas novas de leituga.

3 culleradas de aceite de oliva virxe extra

1 cucharada de zume de limón fresco

1 cucharada de nata espesa

Sal e pementa negra recén moída

Mestura todos os ingredientes nunha cunca pequena. Servir inmediatamente.

Aderezo de laranxa e mel

Citronette al'Arancia

Fai aproximadamente 1⁄3 cunca

A dozura deste aderezo fai que sexa un complemento perfecto para mesturas de vexetais como o mesclun. Ou probalo cunha combinación de berros, cebola vermella e olivas negras.

3 culleradas de aceite de oliva virxe extra

1 cucharadita de mel

2 culleradas de zume de laranxa fresco

Sal e pementa negra recén moída

Mestura todos os ingredientes nunha cunca pequena. Servir inmediatamente.

Sopa de carne

Carne de brodo

Fai uns 4 litros

Aquí tes a sopa básica de diferentes tipos de carne para sopas, risottos e guisos. Unha boa sopa debe estar chea de sabor, pero non tan agresiva que se apodere do sabor do prato. Pódense empregar carne de tenreira, aves e aves, pero evita o porco ou o cordeiro. O seu sabor é forte e pode dominar a sopa. Cambia a proporción de carne para esta sopa segundo a túa propia preferencia ou segundo os ingredientes que teñas a man.

2 quilos de ósos de carne de tenreira

2 quilos de ombreiro de tenreira con ósos

2 quilos de partes de polo ou pavo

2 cenorias, cortadas e cortadas en 3 ou 4 partes

2 costelas de apio con follas, cortadas en 3 ou 4 partes

2 cebolas medianas, peladas pero deixadas enteiras

1 tomate grande ou 1 cunca de tomates enlatados picados

1 dente de allo

3 ou 4 ramas de perexil plano fresco con talos

1. Nunha pota grande, combine a carne, os ósos e as partes de polo. Engade 6 litros de auga fría e cociña a lume medio.

2. Axusta o lume para que a auga case ferva. Elimina a escuma e a graxa que se elevan á superficie da sopa.

3. Cando a escuma deixe de subir, engade o resto dos ingredientes. Cociña durante 3 horas, axustando o lume para que o líquido burbulle suavemente.

4. Deixa que a sopa se arrefríe brevemente e despois colámola en recipientes de plástico. A sopa pódese usar inmediatamente ou deixar arrefriar por completo, despois tapada e almacenada na neveira ata 3 días ou no conxelador ata 3 meses.

Sopa de polo

Brodo de polo

Fai uns 4 litros

As galiñas máis vellas, coñecidas como aves de curral, dan á sopa un sabor máis completo e rico que as aves máis novas. Se non atopas o paxaro, tenta engadir ás ou pescozos de pavo á sopa, pero non uses demasiado pavo ou o sabor dominará o polo.

Despois de cociñar, a maior parte do sabor da carne cocerá, pero os cociñeiros italianos ahorradores úsano para facer unha ensalada ou trituralo para pasta ou recheo de verduras.

1 paxaro enteiro ou polo de 4 libras

2 quilos de partes de polo ou pavo

2 costelas de apio con follas, cortadas en rodajas

2 cenorias, picadas

2 cebolas medianas, peladas e deixadas enteiras

1 tomate grande ou 1 cunca de tomates enlatados picados

1 dente de allo

1. Coloque as partes de aves e polo ou pavo nunha pota grande. Engade 5 litros de auga fría e cociña a lume medio.

2. Axusta o lume para que a auga case ferva. Elimina a escuma e a graxa que se elevan á superficie da sopa.

3. Cando a escuma deixe de subir, engade o resto dos ingredientes. Cociña durante 2 horas, axustando o lume para que o líquido burbulle suavemente.

4. Deixa que a sopa se arrefríe brevemente e despois colámola en recipientes de plástico. A sopa pódese usar inmediatamente ou deixar arrefriar por completo, despois tapada e almacenada na neveira ata 3 días ou no conxelador ata 3 meses.

Sopa de fabas de Antonietta

Zuppa di Fagioli

Para 8 racións

Cando visitei a adega da familia Pasetti en Abruzzo, a súa chef
Antonietta fixo esta sopa de fabas para xantar. Está baseado nun
clásico_Ragú estilo abruzzo_, pero tamén podes usar outra salsa de
tomate con ou sen carne.

Un muíño de alimentos utilízase para alisar as fabas e eliminar a pel.
A sopa tamén se pode facer puré nun procesador de alimentos ou
nunha batidora. Antonietta serviu a sopa con Parmigiano-Reggiano
recén relado, aínda que nos dixo que é tradicional que os hóspedes
desa rexión aderezan a sopa con sementes de pementa verde fresca.
Xunto co queixo relado pasou un prato con pementos e un coitelo,
para picar cada anaco e engadir o seu.

2 cuncas_Ragú estilo abruzzo_, ou outra salsa de carne ou tomate

3 cuncas de auga

4 cuncas de feixóns cannellini ou arándanos secos ou enlatados, cocidos,
escurridos

Sal e pementa negra recén moída a gusto.

Espaguetes de 4 onzas, cortados ou partidos en anacos de 2 polgadas

Parmigiano-Reggiano recén relado

1 ou 2 chiles verdes frescos, como o jalapeño (opcional)

1. Prepare o ragú, se é necesario. A continuación, mestura o ragú e a auga nunha pota grande. Pasa os feixóns a través dun muíño de alimentos na pota. Cociña, mexendo ocasionalmente, ata que a sopa estea quente. Sal e pementa a gusto.

2. Engadir a pasta e mesturar ben. Cociña, mexendo con frecuencia, ata que a pasta estea suave. Engade un pouco máis de auga se a sopa se fai demasiado espesa.

3. Servir quente ou morno. Machaque o queixo e o chile fresco, se se usa, por separado.

Pasta e xudías

Pasta e Fagioli

Para 8 racións

Esta versión napolitana da sopa de feixón e pasta (coñecida polo seu nome dialectal como "pasta fazool") adoita servirse moi espesa, pero aínda se debe comer cunha culler.

¹1/4 cunca de aceite de oliva

2 costelas de apio, picadas (aproximadamente 1 cunca)

2 dentes de allo, finamente picados

1 cunca de tomates frescos ou enlatados pelados, sen sementes e picados

Un chisco de pemento vermello moído

Sal

3 cuncas de feixóns cannellini ou feixóns cocidos, secos ou enlatados, escurridos

8 onzas de ditalini ou espaguetes rasgados

1. Despeje o aceite nunha pota grande. Engade o apio e o allo. Cociña, mexendo a miúdo, a lume medio ata que as verduras estean suaves e douradas, uns 10 minutos. Engade tomates, pementa vermella moída e sal a gusto. Cocer ata que espese un pouco, uns 10 minutos.

2.Engade os feixóns á salsa de tomate. Poña a mestura a ferver. Machaque algunhas das fabas co dorso dunha culler grande.

3.Ferva unha pota grande de auga. Engade sal ao gusto, despois a pasta. Mestura ben. Cociña a lume alto, mexendo a miúdo, ata que a pasta estea tenra pero un pouco pouco cocida. Escorrer a pasta, deixando un pouco da auga de cocción.

4.Engade a pasta á mestura de feixóns. Se é necesario, engade un pouco de auga de cocción, pero a mestura debe quedar moi espesa. Apague o lume e deixe repousar uns 10 minutos antes de servir.

Crema de sopa de feixóns

Crema Fagioli

Para 4 a 6 porcións

Atopei unha versión desta receita en A Tavola ("Á mesa"), unha revista de cociña italiana. Cremosa e suave, esta sopa é puro alimento reconfortante.

3 cuncas de feixóns cannellini ou feixóns cocidos, secos ou enlatados, escurridos

Unhas 2 cuncas de caseira<u>Sopa de carne</u>ou unha mestura de medio caldo de tenreira comprado na tenda e metade auga

1 1/2 cunca de leite

2 xemas de ovo

1/2 cunca de Parmigiano-Reggiano recén relado, ademais de máis para servir

Sal e pementa negra recén moída

1.Puré os feixóns nun procesador de alimentos, licuadora ou molino de alimentos.

2.Nunha tixola de tamaño mediano, deixe ferver a sopa a lume medio. Engade puré de feixóns e volva a lume baixo.

3.Nunha tigela pequena, mestura o leite e as xemas de ovo. Despeje aproximadamente unha cunca da sopa nunha cunca e mestura ata que quede suave. Despeje a mestura na pota. Cociña, mexendo, ata que quente pero non ferva.

4.Engade Parmigiano-Reggiano e sal e pementa ao gusto. Servir quente cun chorro extra de queixo.

Sopa friulana de cebada e feixóns

Zuppa di Orzo e Fagioli

Fai 6 porcións

Aínda que é máis coñecido nos Estados Unidos como unha forma de pasta pequena, orzo é o nome italiano da cebada, un dos primeiros grans cultivados. A rexión que agora é Friuli en Italia foi unha vez parte de Austria. A presenza de cebada revela as raíces austríacas desta sopa.

Se usas feixóns xa cocidos ou enlatados, substitúe 3 cuncas ou dúas latas de 16 onzas de feixóns escurridos, reduce a auga a 4 cuncas e cociña a sopa durante só 30 minutos no paso 2. A continuación, continúa segundo as indicacións.

2 culleradas de aceite de oliva

2 onzas de touciño finamente picado

2 costelas de apio, picadas

2 cenorias picadas

1 cebola mediana picada

1 dente de allo, finamente picado

1 cunca (uns 8 onzas) de cannellini secos ou grandes feixóns do norte

¹1/2 cunca de cebada perlada, enxágüe e escorrer

Sal e pementa negra recén moída

1. Bota aceite nunha pota grande. Engadir o touciño. Cociña, mexendo con frecuencia, a lume medio ata que a panceta estea lixeiramente dourada, uns 10 minutos. Engade apio, cenoria, cebola e allo. Cociña, mexendo con frecuencia, ata que as verduras estean douradas, uns 10 minutos.

2. Engade os feixóns e 8 cuncas de auga. Poñer a ferver. Tapa e cociña durante 1/2 ou 2 horas ou ata que as fabas estean tenras.

3. Machaque algunhas das fabas co dorso dunha culler grande. Engade cebada, sal e pementa a gusto. Cociña durante 30 minutos ou ata que a cebada estea tenra. Mestura a sopa a miúdo para que a cebada non se pegue ao fondo da pota. Engade auga se a sopa é moi espesa. Servir quente ou morno.

Sopa de feixóns e cogomelos

Minestra di Fagioli e Funghi

Para 8 racións

Un día frío de outono na Toscana fíxome desexar unha cunca de boa sopa e levoume a unha comida sinxela pero memorable. En Il Prato, un restaurante de Pienza, o camareiro anunciou que ese día a cociña preparara unha sopa de fabas especial. A sopa estaba deliciosa, cun sabor terroso e afumado que despois souben que viña da adición de cogomelos secos. Despois da sopa, pedín o excelente queixo pecorino polo que é famosa Pienza.

[1]1/2 onza de cogomelos porcini secos

1 cunca de auga morna

2 cenorias medianas, picadas

1 costela de apio picado

1 cebola mediana picada

1 cunca de tomates frescos ou enlatados pelados, sen sementes e picados

[1]1/4 cunca de perexil fresco picado

6 cuncas caseiras<u>Sopa de carne</u>ou<u>Sopa de polo</u>ou unha mestura de metade caldo comprado na tenda e metade auga

3 cuncas de cannellini ou feixóns cocidos, secos ou enlatados, escurridos

¹1/2 cunca de arroz de gran medio, como Arborio

Sal e pementa negra recén moída a gusto.

1.Mollar os cogomelos en auga durante 30 minutos. Elimina os cogomelos e reserva o líquido. Enxágüe os cogomelos baixo auga corrente fría para eliminar a area, prestando especial atención aos talos, onde se acumula a sucidade. Picar groseiro os cogomelos. Colar o líquido de cogomelos a través dun filtro de papel para café nunha cunca e reservar.

2.Nunha pota grande mestura os cogomelos e o seu líquido, a cenoria, o apio, a cebola, o tomate, o perexil e o caldo. Deixamos ferver. Cociña ata que as verduras estean brandas, uns 20 minutos.

3.Engade feixóns e arroz e sal e pementa ao gusto. Cociña ata que o arroz estea tenro, 20 minutos, mexendo ocasionalmente. Servir quente ou morno.

Pasta milanesa e feixóns

Pasta e Fagioli alla Milanese

Para 8 racións

Os restos de pasta fresca, chamados maltagliati ("mal cortados"), adoitan usarse para esta sopa, e tamén se pode usar fettuccine fresco cortado en anacos do tamaño dun bocado.

2 culleradas de manteiga sen sal

2 culleradas de aceite de oliva

6 follas de salvia fresca

1 cullerada de romeu fresco picado

4 cenorias picadas

4 costelas de apio, picadas

3 patacas cocidas medias, picadas

2 cebolas picadas

4 tomates, pelados, sen sementes e picados, ou 2 cuncas de tomates enlatados picados

1 libra (aproximadamente 2 cuncas) de arándanos secos ou feixóns cannellini (ver<u>Fabas estilo country</u>) ou 4 latas de 16 onzas

Unhas 8 cuncas de caseira<u>Sopa de carne</u>ou unha mestura de medio caldo de carne ou vexetais comprada na tenda e metade auga

Sal e pementa negra recén moída

8 onzas de maltagliati frescos ou fettuccine fresco cortado en anacos de 1 polgada

Aceite de oliva virxe extra

1. Nunha pota grande, derrete a manteiga co aceite a lume medio. Engadir salvia e romeu. Engade cenoria, apio, patacas e cebola. Cociña, mexendo a miúdo, ata que estea tenra, uns 10 minutos.

2. Engadir tomates e xudías verdes. Engadir caldo e sal e pementa ao gusto. Poña a mestura a ferver. Ferva ata que todos os ingredientes estean brandos, aproximadamente 1 hora.

3. Retira a metade da sopa da pota e pásaa por un muíño de alimentos ou fai puré nunha batidora. Despeje o puré de novo na pota. Mesturar ben e engadir a pasta. Poña a sopa a ferver, despois apague o lume.

4.Deixamos arrefriar un pouco a sopa antes de servir. Servir ben quente, cun chorriño de aceite de oliva virxe extra e un xeneroso moído de pementa.

Sopa de lentellas e fiúncho

Zuppa di Lenticchie e Finocchio

Para 8 racións

As lentellas son unha das leguminosas máis antigas. Poden ser marróns, verdes, vermellos ou negros, pero en Italia as lentellas máis finas son as pequenas verdes de Castelluccio en Umbría. A diferenza dos feixóns, as lentellas non necesitan ser remolladas antes de cociñalas.

Garda os extremos plumosos do fiúncho para decorar a sopa.

1 libra de lentellas marróns ou verdes, escollidas e lavadas

2 cebolas medianas, picadas

2 cenorias picadas

1 pataca cocida mediana, pelada e picada

1 cunca de fiúncho picado

1 cunca de tomates frescos ou enlatados, picados

1/4 cunca de aceite de oliva

Sal e pementa negra recén moída

1 cunca de tubetti, ditalini ou ameixas pequenas

Cuncas de fiúncho fresco, se o desexa

Aceite de oliva virxe extra

1. Nunha pota grande, combine lentellas, cebolas, cenorias, patacas e fiúncho. Engade auga fría para cubrir 1 polgada. Poña o líquido a ferver e cociña durante 30 minutos.

2. Engadir os tomates e o aceite de oliva. Sal e pementa a gusto. Cociña ata que as lentellas estean brandas, uns 20 minutos máis. Se é necesario, engade un pouco de auga para cubrir a lente de líquido.

3. Engade a pasta e cociña ata que a pasta estea tenra, outros 15 minutos. Proba e axusta os condimentos. Decorar con punta de fiúncho picado, se está dispoñible. Servir quente ou morno, cun pouco de aceite de oliva virxe extra.

Sopa de arroz, lentellas e espinacas

Minestra di Lenticchie e Spinaci

Para 8 racións

Se engades menos auga e omites o arroz, esta sopa convértese nun acompañamento con filetes de peixe ou carne de porco á prancha. Pódense usar escarolas, col rizada, repolo, acelga ou outras verduras de folla en lugar das espinacas.

1 libra de lentellas, escollidas e lavadas

6 cuncas de auga

3 dentes de allo grandes, picados

1/4 cunca de aceite de oliva virxe extra

8 onzas de espinacas, os talos eliminados e cortados en anacos pequenos

Sal e pementa negra recén moída

1 cunca de arroz cocido

1.Nunha pota grande, mestura as lentellas, a auga, o allo e o aceite. Poña a ferver e cociña durante 40 minutos. Se é necesario, engade un pouco de auga para cubrir a lente.

2.Engade espinacas e sal e pementa ao gusto. Cociña ata que as lentellas estean tenras, uns 10 minutos máis.

3.Engade o arroz e cociña ata que se quente. Servir quente cun chorriño de aceite de oliva virxe extra.

Sopa de lentellas e verduras

Lenticchie e Minestra Vexetal

Fai 6 porcións

Mire as lentellas antes de cociñalas para eliminar pequenas pedras ou restos. Para unha sopa máis abundante, engade unha ou dúas cuncas de ditalini cocidos ou espaguetes rotos.

1/4 cunca de aceite de oliva

1 cebola mediana picada

1 costela de apio picado

1 cenoria mediana, picada

2 dentes de allo, finamente picados

1/2 cunca de tomates italianos enlatados picados

8 onzas de lentellas (aproximadamente 1 cunca), escollidas e lavadas

Sal e pementa negra recén moída

1 libra de escarola, espinacas ou outras verduras de folla verde, cortadas e cortadas en anacos pequenos

½ cunca de pecorino romano ou parmigiano-reggiano recén relado

1.Bota aceite nunha pota grande. Engade a cebola, o apio, a cenoria e o allo e cociña a lume medio durante 10 minutos ou ata que as verduras estean suaves e douradas. Engade os tomates e cociña por outros 5 minutos.

2.Engade as lentellas, sal e pementa e 4 cuncas de auga. Poña a sopa a ferver e cociña durante 45 minutos ou ata que as lentellas estean tenras.

3.Engadir verduras. Cubra e cociña durante 10 minutos, ou ata que as verduras estean tenras. Gusto polas especias.

4.Xusto antes de servir, engade o queixo. Servir quente.

Puré de sopa de lentellas con croutons

Puré de Lenticchie

Para 6 a 8 porcións

Rebanadas de pan crocantes cobren este suave puré de lentellas de Umbría. Para obter máis sabor, esfregue un dente de allo cru nos croutons mentres aínda estean quentes.

1 libra de lentellas, escollidas e lavadas

1 costela de apio picado

1 cenoria picada

1 cebola grande picada

1 pataca cocida grande, picada

2 culleradas de pasta de tomate

Sal e pementa negra recén moída

2 culleradas de aceite de oliva virxe extra, máis máis para servir

8 rebandas de pan italiano ou francés

1.Poñer nunha pota grande as lentellas, as verduras e a pasta de tomate. Engade auga fría para cubrir 2 polgadas. Poñer a ferver. Cociña durante 20 minutos. Engade sal ao gusto e máis auga se é necesario para manter os ingredientes cubertos. Cocer outros 20 minutos ou ata que as lentellas estean tenras.

2.Escorrer o contido da pota, gardar o líquido. Poñer as lentellas e as verduras nun procesador de alimentos ou licuadora e facer puré, por tandas se é necesario, ata que quede suave. Bota de novo as lentellas na pota. Sazonar ao gusto con sal e pementa. Quenta suavemente, se é necesario engade un pouco de líquido de cocción.

3.Quenta 2 culleradas de aceite de oliva nunha tixola grande a lume medio. Engade o pan nunha soa capa. Cociña ata que estea tostado e dourado no fondo, de 3 a 4 minutos. Xirar os anacos de pan e fritir outros 3 minutos.

4.Retire a sopa do lume. Despeje en cuncas. Coloque unha porción de tostada en cada cunca. Servir quente, regado con aceite de oliva.

Sopa de garavanzos de Puglia

Minestra di Ceci

Fai 6 porcións

En Puglia, esta sopa espesa faise con tiras curtas de pasta fresca coñecida como lagane. Pódense substituír fettuccini fresco cortado en tiras de 3 polgadas, así como pequenas formas de pasta seca ou espaguetes rasgados. Para condimentar esta sopa úsanse anchoas en lugar do caldo, e como líquido de cocción úsase auga. As anchoas mestúranse no caldo e engaden moito carácter sen que se noten.

⅓ cunca de aceite de oliva

3 dentes de allo, lixeiramente triturados

2 ramitas de 2 polgadas de romeu fresco

4 filetes de anchoa picados

3½ cuncas de garavanzos cocidos ou 2 latas de 16 onzas, escurridos e líquido reservado

4 onzas de fettuccine fresco, cortado en anacos de 3 polgadas

Pementa negra recén moída

1.Bota aceite nunha pota grande. Engade o allo e o romeu e cociña a lume medio, presionando os dentes de allo co dorso dunha culler grande, ata que o allo estea dourado, uns 2 minutos. Retirar e botar o allo e o romeu. Engade os filetes de anchoa e cociña, mexendo, ata que as anchoas se derritan, uns 3 minutos.

2.Engade os garavanzos á pota e mestura ben. Machaque a metade dos garavanzos co dorso dunha culler ou cun triturador de patacas. Engade auga suficiente ou líquido de cocción de garavanzos para cubrir os garavanzos. Poña o líquido a ferver.

3.Engadir a pasta. Sazonar ao gusto cunha xenerosa moída de pementa negra. Cociña ata que a pasta estea tenra pero firme ao bocado. Retirar do lume e deixar repousar durante 5 minutos. Servir quente cun chorriño de aceite de oliva virxe extra.

Sopa de garavanzos e pasta

Minestra di Ceci

Para 6 a 8 porcións

Na rexión de Marche, no centro de Italia, esta sopa faise ás veces con quadrucci, pequenos anacos de pasta fresca de ovo. Para facer os quadrucci, corte o fettuccine fresco en anacos curtos para formar pequenos cadrados. Que cada persoa regue a súa sopa cun pouco de aceite de oliva virxe extra.

De todas as leguminosas, creo que os garavanzos son os máis difíciles de cociñar. Ás veces tardan moito máis tempo do que esperabas en volverse tenros. É unha boa idea preparar esta sopa con antelación ata o paso 2, despois requentar e rematar cando estea listo para servir, para que os garavanzos teñan tempo suficiente para amolecer.

1 libra de garavanzos secos, empapados durante a noite (ver<u>Fabas estilo country</u>)

1 1/4 cunca de aceite de oliva

1 cebola mediana picada

2 costelas de apio, picadas

2 cuncas de tomates enlatados, picados

Sal

8 onzas de ditalini ou cóbados ou ameixas pequenas

Pementa negra recén moída

Aceite de oliva virxe extra

1.Bota aceite nunha pota grande. Engade a cebola e o apio e cociña, mexendo a miúdo, a lume medio durante 10 minutos ou ata que as verduras estean suaves e douradas. Engadir os tomates e saltear. Cociña outros 10 minutos.

2.Escorrer os garavanzos e engadir á pota. Engade 1 cucharadita de sal e auga fría para cubrir 1 polgada. Poñer a ferver. Cocer entre 1/2 ou 2 horas ou ata que os garavanzos estean tenros. Se é necesario, engade auga para manter os garavanzos cubertos.

3.Uns 20 minutos antes de que os garavanzos estean cocidos, deixe ferver unha pota grande con auga. Engade sal, despois engade a pasta. Cociña ata que a pasta estea branda. Escorrer e engadir á sopa. Sazonar ao gusto con sal e pementa. Servir quente cun chorriño de aceite de oliva virxe extra.

Sopa de garavanzos e porcini da Liguria

Pasta e Ceci con cogomelos

Para 4 racións

Esta é a miña versión da sopa feita en Liguria. Algúns cociñeiros fano sen acelgas, mentres que outros engaden cardo aos ingredientes.

1/2 onza de cogomelos porcini secos

1 cunca de auga morna

1/4 cunca de aceite de oliva

2 onzas de touciño picado

1 cebola mediana, finamente picada

1 cenoria mediana, finamente picada

1 costela mediana de apio, finamente picada

1 dente de allo, finamente picado

3 cuncas de garavanzos enlatados, cocidos, secos ou escurridos

8 onzas de acelgas, cortadas transversalmente en tiras finas

1 pataca cocida mediana, pelada e picada

1 cunca de tomates frescos ou enlatados, pelados, sen sementes e picados

Sal e pementa negra recén moída

1 cunca de ditalini, tubetti ou outra pasta pequena

1. Mollar os cogomelos en auga durante 30 minutos. Retíraos e garda o líquido. Enxágüe os cogomelos baixo auga corrente fría para eliminar a area. Córtaos en anacos grandes. Coa o líquido a través dun filtro de papel de café nunha tigela.

2. Bota aceite nunha pota grande. Engade touciño, cebola, cenoria, apio e allo. Cociña, mexendo con frecuencia, a lume medio ata que a cebola e outros ingredientes aromáticos estean dourados, uns 10 minutos.

3. Engadir os garavanzos, as acelgas, as patacas, os tomates e os cogomelos co seu líquido. Engade auga para cubrir os ingredientes e sal e pementa ao gusto. Poña a ferver e cociña ata que as verduras estean tenras e a sopa espese, aproximadamente 1 hora. Engade auga se a sopa se fai demasiado espesa.

4.Engade a pasta e outras 2 cuncas de auga. Cociña, mexendo con frecuencia, durante uns 15 minutos ou ata que a pasta estea tenra. Deixamos arrefriar un pouco antes de servir.

Pan toscano e sopa de verduras

ribolita

Para 8 racións

Un verán na Toscana, servíronme esta sopa a todas partes, ás veces dúas veces ao día. Nunca me aburrei porque cada cociñeira usaba a súa propia combinación de ingredientes e sempre era boa. De feito, son dúas receitas nunha. O primeiro é a sopa de vexetais mixta. Ao día seguinte, as sobras requentanse e mestúranse con pan do día. Ao requentar a sopa, recibe o seu nome italiano, que significa cocido. Isto adoita facerse pola mañá e a sopa déixase repousar ata o xantar. A ribollita adoita servirse morna ou a temperatura ambiente, nunca cocida ao vapor.

Asegúrate de usar un pan masticable italiano ou rústico de boa calidade para obter a textura correcta.

4 cuncas caseiras<u>Sopa de polo</u>ou<u>Sopa de carne</u>ou unha mestura de metade caldo comprado na tenda e metade auga

¹1/4 cunca de aceite de oliva

2 costelas de apio suaves, picadas

2 cenorias medianas, picadas

2 dentes de allo, finamente picados

1 cabeza pequena de cebola vermella, picada

¹1/4 cunca de perexil fresco picado

1 culler de sopa de salvia fresca picada

1 cullerada de romeu fresco picado

1/2 libras de tomates frescos pelados, sen sementes e picados ou 11/2 cuncas de cascas italianas enlatadas co seu zume, picadas

3 cuncas de feixóns cannellini cocidos, secos ou enlatados, escurridos

2 patacas a medio cocer, peladas e cortadas en dados

2 calabacíns medianos, picados

1 libra de repolo ou col rizada, cortada en rodajas finas (uns 4 cuncas)

8 onzas de xudías verdes, cortadas e cortadas en anacos pequenos

Sal e pementa moída ao gusto.

Aproximadamente 8 onzas de pan italiano de un día, en rodajas finas

Aceite de oliva virxe extra

Rebanadas de cebola vermella moi finas (opcional)

1.Se é necesario, prepare a sopa. A continuación, bota o aceite de oliva nunha pota grande. Engade apio, cenoria, allo, cebola e herbas. Cociña, mexendo a miúdo, a lume medio ata que o apio e outros ingredientes aromáticos se suavicen e doran, uns 20 minutos. Engade os tomates e cociña durante 10 minutos.

2.Engade xudías verdes, as verduras restantes e sal e pementa ao gusto. Engadir caldo e auga para cubrir. Poñer a ferver. Ferva a lume moi lento ata que as verduras estean tenras, unhas 2 horas. Deixar arrefriar un pouco e, se non se usa inmediatamente, refrixera durante a noite ou ata 2 días.

3.Cando estea listo para servir, bota unhas 4 cuncas de sopa nunha batidora ou procesador de alimentos. Coa a sopa, despois transfira á pota xunto co resto da sopa. Quenta suavemente.

4.Escolle unha pota ou pota de sopa o suficientemente grande como para conter o pan e a sopa. Poñer unha capa de rebanadas de pan no fondo. Despeje a sopa suficiente para cubrir completamente o pan. Repita as capas ata que se esgote toda a sopa e o pan estea empapado. Deixar polo menos 20 minutos. Debe ser moi groso.

5.Mestura a sopa para romper o pan. Regar con aceite de oliva virxe extra e espolvorear con cebola vermella. Servir morno ou a temperatura ambiente.

Sopa de cabaza de inverno

Zuppa di Zucca

Para 4 racións

No Fruttivendol, un mercado de froitas e verduras, os chefs italianos poden comprar anacos de cabazas grandes e outras cabaciñas de inverno para preparar esta deliciosa sopa. Eu xeralmente uso cabaciña butternut ou landra. O pemento peperoncino vermello moído engade un calor inesperado.

4 cuncas caseiras<u>Sopa de polo</u>ou unha mestura de metade caldo comprado na tenda e metade auga

2 libras de cabaza de inverno, como butternut ou landra

1/2 cunca de aceite de oliva

2 dentes de allo, finamente picados

Un chisco de pemento vermello moído

Sal

1/4 cunca de perexil fresco picado

1.Se é necesario, prepare a sopa. A continuación, pela a cabaza e elimina as sementes. Cortar en anacos de 1 polgada.

2.Bota aceite nunha pota grande. Engade allo e pementa vermella moída. Cociña, mexendo a miúdo, a lume medio ata que o allo estea lixeiramente dourado, uns 2 minutos. Engadir cabaza e sal ao gusto.

3.Engadir o caldo e deixar ferver. Tapa e cociña durante 35 minutos ou ata que a cabaciña estea tenra.

4.Usando unha culler ranurada, transfire a cabaciña a un procesador de alimentos ou licuadora e tritura ata que quede suave. Volve o puré á pota coa sopa. Poña a sopa a ferver e cociña durante 5 minutos. Engade un pouco de auga se a sopa é moi espesa.

5.Sal a gusto. Engadir perexil. Servir quente.

Sopa "auga fervida".

Aquacotta

Fai 6 porcións

Esta deliciosa sopa toscana require só unhas poucas verduras, ovos e restos de pan, polo que os italianos chámanlle en broma "auga fervida". Use todos os cogomelos dispoñibles.

1/4 cunca de aceite de oliva

2 costelas de apio, cortadas en rodajas finas

2 dentes de allo, picados

1 libra de cogomelos variados, como champiñóns, shiitake e cremini, cortados e cortados en rodajas

1 libra de tomates ameixa frescos, pelados, sementados e picados, ou 2 cuncas de tomates enlatados

Un chisco de pemento vermello moído

6 ovos

6 rebandas de pan tostado italiano ou francés

De 4 a 6 culleradas de queixo pecorino recén relado

1.Despeje o aceite nunha tixola mediana. Engade o apio e o allo. Cociña, mexendo con frecuencia, a lume medio ata que estea tenra, uns 5 minutos.

2.Engade os cogomelos e cociña, mexendo ocasionalmente, ata que se evapore o zume dos cogomelos. Engade os tomates e o pemento vermello moído e cociña durante 20 minutos.

3.Engade 4 cuncas de auga e sal a gusto. Poñer a ferver. Cociña outros 20 minutos.

4.Xusto antes de servir, rompe un ovo na cunca. Deixar con coidado o ovo na sopa quente. Repita cos ovos restantes. Tapa e cociña a lume moi suave durante 3 minutos ou ata que os ovos estean cocidos ao gusto.

5.Coloque unha porción de tostada en cada cunca de servir. Despeje con coidado o ovo por riba e bota a sopa quente. Espolvoreo con queixo e serve inmediatamente.

Sopa de pesto de calabacín

Zuppa de calabacín con pesto

Para 4 a 6 porcións

O cheiro a pesto na sopa quente é irresistible.

2 cuncas caseiras<u>Sopa de polo</u>ou unha mestura de metade caldo comprado na tenda e metade auga

3 culleradas de aceite de oliva

2 cebolas medianas, picadas

4 calabacíns pequenos (uns 1 1/4 quilos), lavados e picados

3 patacas medio cocidas, peladas e picadas

Sal e pementa negra recén moída, a gusto.

1 cunca de espaguetes rotos

pesto

2 ou 3 dentes grandes de allo

1/2 cunca de albahaca fresca

1/4 cunca de perexil italiano fresco

½ cunca de Parmigiano-Reggiano relado, máis máis para espolvorear

2 a 3 culleradas de aceite de oliva virxe extra

Sal e pementa negra recén moída

1.Se é necesario, prepare a sopa. A continuación, bota o aceite nunha pota mediana. Engadir cebola. Cociña, mexendo a miúdo, a lume medio ata que a cebola estea suave e dourada, uns 10 minutos. Engade o calabacín e as patacas e cociña, mexendo ocasionalmente, durante 10 minutos. Engade o caldo de polo e 4 cuncas de auga. Deixa o líquido ferver e cociña durante 30 minutos. Sal e pementa a gusto.

2.Engadir a pasta. Ferva durante 15 minutos máis.

3.Prepara o pesto: Pica moi fino o allo, a albahaca e o perexil nun robot de alimentos. Engadir o queixo e botar pouco a pouco o aceite de oliva ata obter unha pasta espesa. Sazonar ao gusto con sal e pementa.

4.Transferir o pesto a unha cunca mediana; Usando un batedor, mestura aproximadamente 1 cunca da sopa quente no pesto. Mestura a mestura na pota coa sopa restante. Deixalo repousar 5 minutos. Proba e axusta os condimentos. Servir con queixo extra.

Sopa de porro, tomate e pan

Papa al Pomodoro

Para 4 racións

Os toscanos comen moita sopa e moitas delas preparan con pan en lugar de pasta ou arroz. Este é un dos favoritos a principios do outono, cando hai moitos tomates maduros e porros frescos. Tamén é bo no inverno, feito de tomates enlatados.

6 cuncas caseiras<u>Sopa de polo</u>ou unha mestura de metade caldo comprado na tenda e metade auga

3 culleradas de aceite de oliva, máis máis para botar

2 porros medianos

3 dentes grandes de allo

Un chisco de pemento vermello moído

2 cuncas de tomates frescos ou enlatados pelados, sementados e picados

Sal

½ pan integral italiano de un día, cortado en cubos de 1 polgada (uns 4 cuncas)

¹1/2 cunca de albahaca fresca picada

Aceite de oliva virxe extra

1.Se é necesario, prepare a sopa. A continuación, corta a raíz e a parte verde escura do porro. Cortar o porro pola metade lonxitudinalmente e enxágüe ben baixo auga fría. Picar ben.

2.Bota aceite nunha pota grande. Engade os allos porros e cociña, mexendo a miúdo, a lume medio-baixo ata que estean suaves, uns 5 minutos. Engade allo e pementa vermella moída.

3.Engadir os tomates e o caldo e deixar ferver. Cociña durante 15 minutos, mexendo ocasionalmente. Sal a gusto.

4.Engade o pan á sopa e cociña durante 20 minutos, mexendo ocasionalmente. A sopa debe ser espesa. Se é necesario, engade máis pan.

5.Retirar do lume. Engadir a albahaca e deixar durante 10 minutos. Servir quente cun chorriño de aceite de oliva virxe extra.

Sopa de cabaciño e tomate

Zuppa di Zucchine e Pomodori

Fai 6 porcións

Aínda que os cabaciños pequenos saben mellor, os vexetais máis grandes tamén funcionan ben nesta sopa, porque todos os demais ingredientes saborosos non se senten augados e carecen de sabor.

5 cuncas caseiras<u>Sopa de polo</u>ou unha mestura de metade caldo comprado na tenda e metade auga

3 culleradas de aceite de oliva

1 cebola mediana, finamente picada

1 dente de allo, picado

1 cucharadita de romeu fresco picado

1 cucharadita de salvia fresca picada

11⁄2 cuncas de tomates pelados, sen sementes e picados

1⁄2 quilos de cabaciño, picado

Sal e pementa negra recén moída

3 cuncas de cubos dun día de pan italiano ou francés

Parmigiano-Reggiano recén relado

1.Se é necesario, prepare a sopa. Despois bota o aceite nunha pota grande. Engade a cebola, o allo, o romeu e a salvia. Cociña a lume medio, mexendo a miúdo, ata que a cebola estea dourada, uns 10 minutos.

2.Engade os tomates e mestura ben. Engadir o caldo e deixar ferver. Engade o calabacín e cociña durante 30 minutos ou ata que estea tenro. Sazonar ao gusto con sal e pementa.

3.Engadir cubos de pan. Cociña ata que o pan estea brando, uns 10 minutos. Deixamos repousar outros 10 minutos antes de servir. Servir con Parmigiano-Reggiano relado.

Sopa de cabaciño e pataca

Calabacín e Paté Minestro

Para 4 racións

Esta sopa é típica do que se pode servir no verán nas casas do sur de Italia. Non dubides en cambialo como faría un chef italiano, substituíndo o calabacín por outras verduras como xudías verdes, tomates ou espinacas e substituíndo o perexil por albahaca ou menta.

6 cuncas caseirasSopa de poloou unha mestura de metade caldo comprado na tenda e metade auga

2 culleradas de aceite de oliva

1 cebola mediana, finamente picada

1 libra de patacas cocidas (uns 3 medianas), peladas e picadas

1 libra de cabaciños (uns 4 pequenos), pelados e picados

Sal e pementa negra recén moída

2 culleradas de follas de perexil plana picadas

Parmigiano-Reggiano ou Pecorino Romano recén relado

1.Se é necesario, prepare a sopa. A continuación, bota o aceite nunha pota mediana. Engade a cebola e cociña, mexendo a miúdo, a lume medio ata que estea suave e dourada, uns 10 minutos.

2.Engadir patacas e cabaciñas. Engadir caldo e sal e pementa ao gusto. Poña a ferver e cociña ata que as verduras estean tenras, uns 30 minutos.

3.Sal e pementa a gusto. Engadir perexil. Servir con queixo relado.

Sopa crema de fiúncho

Zuppa di Finocchio

Fai 6 porcións

As patacas e o fiúncho teñen unha afinidade entre si. Servir esta sopa decorada con follas de fiúncho picadas e un chorriño de aceite de oliva virxe extra.

6 cuncas caseirasSopa de poloou unha mestura de metade caldo comprado na tenda e metade auga

2 porros grandes, cortados

3 bulbos de fiúncho medianos (uns 2½ libras)

2 culleradas de manteiga sen sal

1 cullerada de aceite de oliva

5 patacas cocidas, peladas e cortadas en rodajas

Sal e pementa negra recén moída

Aceite de oliva virxe extra

1.Se é necesario, prepare a sopa. A continuación, corte os allos porros pola metade lonxitudinalmente e enxágüeos ben para eliminar os restos de area entre as capas. Picar en anacos grandes.

2.Cortar os talos de fiúncho á altura dos bulbos, e deixar algunhas das follas verdes plumosas para a decoración. Recorta a base e as manchas marróns. Cortar os bulbos en rodajas finas.

3.Nunha pota grande, derrete a manteiga co aceite a lume medio. Engade os porros e cociña ata que estean suaves, uns 10 minutos. Engadir fiúncho, patacas, caldo e sal e pementa a gusto. Poña a ferver e cociña ata que as verduras estean tenras, aproximadamente 1 hora.

4.Usando unha culler ranurada, transfire as verduras a un procesador de alimentos ou licuadora. Procesa ou mestura ata que quede suave.

5.Volve as verduras á pota e quenta suavemente. Verter en cuncas de sopa, espolvorear as tapas de fiúncho separadas e regar con aceite de oliva. Servir quente.

Sopa de cogomelos e patacas

Minestra di Funghi e Patate

Fai 6 porcións

Aquí tes outra sopa de Friuli-Venezia Giulia, unha rexión coñecida polos seus excelentes cogomelos. Aquí usaríanse cogomelos porcini frescos, pero como son difíciles de atopar, substitúoos por unha combinación de cogomelos silvestres e cultivados. Tanto as patacas como a cebada engádense como espesantes.

8 cuncas caseirasSopa de carneou unha mestura de metade caldo comprado na tenda e metade auga

2 culleradas de aceite de oliva

2 onzas de panceta en rodajas, finamente picada

1 cebola mediana, finamente picada

2 costelas de apio, finamente picadas

1 libra de cogomelos variados, como branco, cremini e portabello

4 culleradas de perexil fresco picado

2 dentes de allo, finamente picados

3 patacas medio cocidas, peladas e picadas

Sal e pementa negra recén moída

¹1/2 cunca de cebada perlada

1. Se é necesario, prepare a sopa. Bota aceite nunha pota grande. Engadir o touciño. Cociña, mexendo a miúdo, a lume medio ata que estean dourados, uns 10 minutos. Engade a cebola e o apio e cociña, mexendo ocasionalmente, ata que estean suaves, uns 5 minutos.

2. Engadir cogomelos, 2 culleradas de perexil e allo. Cociña, mexendo con frecuencia, ata que se evapore o zume de cogomelos, uns 10 minutos.

3. Engadir patacas, sal e pementa. Engadir o caldo e deixar ferver. Engade a cebada e cociña, sen tapar, a lume lento durante 1 hora ou ata que a cebada estea tenra e a sopa espese.

4. Espolvoreo co perexil restante e serve quente.

Crema de coliflor

Vellutata di Cavolfiore

Fai 6 porcións

Unha sopa elegante para servir ao comezo dunha cea especial. Se tes un pouco de aceite ou pasta de trufa, proba a engadir algo á sopa xusto antes de servir, omitindo o queixo.

1 coliflor mediana, cortada e cortada en floretes de 1 polgada

Sal

3 culleradas de manteiga sen sal

1/4 cunca de fariña para todo uso

Aproximadamente 2 cuncas de leite

Noz moscada recén relada

1/2 cunca de crema espesa

1/4 cuncas de Parmigiano-Reggiano recén relado

1. Ferva unha pota grande de auga. Engadir coliflor e sal a gusto. Cociña ata que a coliflor estea tenra, uns 10 minutos. Escorrer ben.

2. Nunha pota mediana, derrete a manteiga a lume medio. Engade a fariña e mestura ben durante 2 minutos. Engade moi lentamente 2 cuncas de leite e sal ao gusto. Poña a ferver e cociña durante 1 minuto, mexendo constantemente, ata que estea espesa e suave. Retirar do lume. Engadir noz moscada e nata.

3. Transfire a coliflor a un procesador de alimentos ou licuadora. Puré, se é necesario engade un pouco de salsa para que o puré sexa suave. Transferir o puré á tixola coa salsa restante. Mestura ben. Quenta suavemente, se é necesario engade máis leite para obter unha sopa espesa.

4. Retirar do lume. Proba e axusta os condimentos. Engadir queixo e servir.

Sopa siciliana de tomate e cebada

Minestra d'Orzo alla Siciliana

Para 4 a 6 porcións

En lugar de rallar o queixo, os sicilianos adoitan servir sopa con queixo cortado en anacos pequenos. Nunca se disolve completamente na sopa, e podes sentir un pouco de queixo en cada bocado.

8 cuncas caseirasSopa de poloouSopa de carneou unha mestura de metade caldo comprado na tenda e metade auga

8 onzas de cebada perlada, escollida e lavada

2 tomates medianos, pelados, sen sementes e picados, ou 1 cunca de tomates enlatados picados

1 costela de apio, finamente picada

1 cebola mediana, finamente picada

Sal e pementa negra recén moída

1 cunca de pecorino romano cortado en dados

1.Se é necesario, prepare a sopa. Mestura a sopa, a cebada e as verduras nunha pota grande e deixe ferver lentamente. Cociña ata que a cebada estea tenra, aproximadamente 1 hora. Engade auga se a sopa se fai demasiado espesa.

2.Sazonar con sal e pementa ao gusto. Despeje a sopa en cuncas, espolvoreo queixo por riba.

sopa de pemento vermello

Zuppa di Pepperoni Rossi

Fai 6 porcións

A vibrante cor vermella-laranxa desta sopa é un indicio atractivo e axeitado polo seu sabor delicioso e refrescante. Inspirouse nunha sopa que probei en Il Cibreo, unha popular trattoria de Florencia. Gústame servilo con focaccia morna.

6 cuncas caseiras<u>Sopa de polo</u>ou unha mestura de metade caldo comprado na tenda e metade auga

2 culleradas de aceite de oliva

1 cebola mediana picada

1 costela de apio picado

1 cenoria picada

5 pementos vermellos grandes, sementados e picados

5 patacas medio cocidas, peladas e picadas

2 tomates, limpos e picados

Sal e pementa negra recén moída

1 cunca de leite

Parmigiano-Reggiano recén relado

1.Se é necesario, prepare a sopa. Despois bota o aceite nunha pota
grande. Engadir cebola, apio e cenoria. Cociña, mexendo a
miúdo, a lume medio ata que as verduras estean suaves e
douradas, uns 10 minutos.

2.Engade o pemento, a pataca e o tomate e mestura ben. Engadir o
caldo e deixar ferver. Reduce o lume e cociña durante 30
minutos ou ata que as verduras estean tenras.

3.Usando unha culler ranurada, transfire as verduras a un
procesador de alimentos ou licuadora. Puré ata que quede suave.

4.Despeje o puré de verduras na pota. Quenta a sopa a lume suave
e engade o leite. Non deixe ferver a sopa. Sal e pementa a gusto.
Servir quente, espolvoreado con queixo.

Fontina, sopa de pan e repolo

Zuppa alla Valpelline

Fai 6 porcións

Un dos meus mellores recordos do Val de Aosta é o aromático queixo fontina e o delicioso pan integral desta comarca. O queixo prodúcese con leite de vaca e envellece en covas da montaña. Busca un queixo cunha casca natural e unha silueta de montaña estampada na parte superior para asegurarte de que estás a conseguir unha auténtica fontina. Use un bo pan masticable para esta sopa abundante. Savoy kale ten un sabor máis suave que a variedade con follas suaves.

8 cuncas caseirasSopa de carneou unha mestura de medio caldo de tenreira comprado na tenda e metade auga

2 culleradas de manteiga sen sal

1 repolo pequeno, finamente ralado

Sal

¼ culleres de té de noz moscada recén moída

1/4 cucharadita de canela moída

Pementa negra recén moída

12 onzas de Fontina Valle d'Aosta

12 rebandas de pan de centeo, pumpernickel ou integral, tostadas

1.Se é necesario, prepare a sopa. A continuación, derrete a manteiga nunha pota grande. Engadir repolo e sal a gusto. Tapa e cociña durante 30 minutos, mexendo de cando en vez, ata que o repolo estea tenro.

2.Prequenta o forno a 350 ° F. Coloque o caldo, a noz moscada, a canela, o sal e a pementa nunha pota grande e deixe ferver suavemente a lume medio.

3.Coloque 4 rebandas de pan no fondo dunha cazola apta para o forno de 3 cuartos ou nunha cazola profunda e pesada ou prato de cocción. Arriba coa metade do repolo e un terzo do queixo. Repita coa segunda capa de pan, repolo e queixo. Cubrir co resto de pan. Despeje con coidado a sopa quente. Cortar finamente o queixo reservado e repartilo sobre a sopa.

4.Ás a cazola ata que estea dourada e burbujee, uns 45 minutos. Deixar repousar 5 minutos antes de servir.

Sopa de crema de cogomelos

Zuppa di Funghi

Para 8 racións

O día de Acción de Grazas non é unha festa celebrada en Italia, pero adoito servir esta cremosa sopa de cogomelos frescos e secos do norte de Italia como parte do meu menú de vacacións.

8 cuncas caseirasSopa de carneou unha mestura de medio caldo de tenreira comprado na tenda e metade auga

1 onza de cogomelos porcini secos

2 cuncas de auga quente

2 culleradas de manteiga sen sal

1 cebola mediana, finamente picada

1 dente de allo, finamente picado

1 libra de cogomelos brancos, cortados en rodajas finas

¹1/2 cunca de viño branco seco

1 cucharada de pasta de tomate

[1]1/2 cunca de crema espesa

Perexil fresco picado, para decoración

Sal e pementa negra recén moída

1.Se é necesario, prepare a sopa. A continuación, coloque os cogomelos en auga e déixaos a remollo durante 30 minutos. Retire os cogomelos da tixela e reserve o líquido. Enxágüe os cogomelos baixo auga corrente fría para eliminar a area, prestando especial atención aos extremos dos talos onde se acumula a terra. Picar groseiro os cogomelos. Coa o líquido de cogomelos a través dun filtro de papel para café nunha cunca.

2.Derreter a manteiga nunha pota grande a lume medio. Engade a cebola e o allo e cociña durante 5 minutos. Engade todos os cogomelos e cociña, mexendo de vez en cando, ata que os cogomelos estean lixeiramente dourados, uns 10 minutos. Sal e pementa a gusto.

3.Engadir o viño e deixar ferver. Engadir o caldo, o líquido de cogomelos e a pasta de tomate. Reduce o lume e cociña durante 30 minutos.

4.Engadir nata. Espolvoreo con perexil e serve inmediatamente.

Sopa de verduras con pesto

Minestrone con pesto

Para 6 a 8 porcións

En Liguria, engádese unha cullerada de salsa pesto perfumada a cuncas de minestrone. Non importa, pero realmente mellora o sabor da sopa.

1/4 cunca de aceite de oliva

1 cebola mediana picada

2 cenorias picadas

2 costelas de apio, picadas

4 tomates maduros, pelados, sen sementes e picados

1 libra de acelgas ou espinacas picadas

3 patacas medio cocidas, peladas e picadas

3 calabacíns máis pequenos, picados

8 onzas de xudías verdes, cortadas en anacos de 1⁄2 polgada

8 onzas de feixóns cannellini ou borlotti frescos sen casca ou 2 cuncas de feixóns cocidos, secos ou enlatados, escurridos

Sal e pementa negra recén moída

1 receita _pesto_

4 onzas de pequenas formas de pasta como tubetti ou cóbados

1. **Bota aceite nunha pota grande. Engadir cebola, cenoria e apio. Cociña, mexendo a miúdo, a lume medio ata que as verduras estean suaves e douradas, uns 10 minutos.**

2. **Engade o tomate, as acelgas, a pataca, o cabaciño e as xudías verdes. Engade auga suficiente para cubrir as verduras. Sal e pementa a gusto. Cociña, mexendo ocasionalmente, ata que a sopa espese e as verduras estean tenras, aproximadamente 1 hora. Engade un pouco de auga se é moi espeso.**

3. **Mentres tanto, prepara o pesto se é necesario. Cando a sopa espese, engade a pasta. Cociña, mexendo, ata que a pasta estea tenra, uns 10 minutos. Deixamos arrefriar un pouco. Servir quente, pasando unha cunca de pesto arredor da mesa, ou cuchara a sopa en cuncas e colocar un pouco de pesto no centro de cada unha.**

Sopa de ovos de Pavia

Zuppa alla Pavese

Para 4 racións

Os ovos escalfados en caldo son unha comida rápida e saborosa. A sopa está lista para servir cando as claras estean fixadas e as xemas aínda estean brandas.

2 litros de domésticoSopa de carneou unha mestura de metade caldo comprado na tenda e metade auga

4 rebandas de pan do país, lixeiramente tostadas

4 ovos grandes, a temperatura ambiente

De 4 a 6 culleres de sopa de Parmigiano-Reggiano recén relado

Sal e pementa negra recén moída

1.Se é necesario, prepare a sopa. Se non está recentemente preparada, quenta a sopa a lume lento. Sazonar ao gusto con sal e pementa.

2.Prepare 4 cuncas quentes de sopa. Coloque unha porción de torrada en cada cunca, despois racha un ovo sobre cada porción de torrada.

3.Botar a sopa quente sobre os ovos para que cobren uns centímetros. Espolvoreo con queixo. Deixamos repousar ata que a clara estea cocida ao gusto. Servir quente.

Repostería salgada

Ensalada de pasta frolla

Fai cortizas de pastel de 9 a 10 polgadas

Pódese facer unha deliciosa torta tipo quiche con queixo, ovos e verduras. Estas doces son boas a temperatura ambiente ou quentes, e pódense servir como piatto único (prato único) ou como aperitivo. Esta masa é boa para todo tipo de empanadas salgadas.

Estendeino esta masa entre dúas follas de plástico. Evita que a masa se pegue á táboa e ao rolo, polo que non hai que engadir máis fariña que poida facer a masa dura. Para que a codia do fondo sexa crocante, douro parcialmente a casca antes de engadir o recheo.

11⁄2 cuncas de fariña para todo uso

1 cucharadita de sal

11/2 cunca (1 vara) de manteiga sen sal, a temperatura ambiente

1 xema de ovo

De 3 a 4 culleres de sopa de auga xeada

1. Preparar a masa: mesturar a fariña e o sal nunha cunca grande. Usando unha batidora de masa ou un garfo, corta a manteiga ata que a mestura se asemella a migas grosas.

2. Bater a xema de ovo xunto con 2 culleradas de auga. Espolvoreo a mestura sobre a fariña. Mestura suavemente ata que a masa estea uniformemente humedecida e se xunte sen que se pegue. Se é necesario, engade a auga restante.

3. Formar a masa nun disco. Envolver en plástico. Refrixera durante 30 minutos ou durante a noite.

4. Se a masa estivo na neveira durante a noite, déixaa a temperatura ambiente durante 20 a 30 minutos antes de estirala. Coloque a masa entre dúas follas de envoltura de plástico e enróllaa nun círculo de 12 polgadas, xirando a masa e movendo a envoltura de plástico a cada volta. Elimina a capa superior da envoltura de plástico. Usando a folla restante para subir a masa, centre a masa, co lado plástico cara arriba, nunha tixola de 9 a 10 polgadas cun fondo extraíble. Retire a envoltura de plástico. Preme lixeiramente a masa na base e polos lados.

5. Rodar a parte superior da tixola cun rolo e cortar a masa que colga. Preme a masa contra o lado da tixola para facer un bordo

máis alto que o bordo da tixola. Arrefriar a masa na neveira durante 30 minutos.

6.Coloque a reixa no terzo inferior do forno. Prequenta o forno a 450 ° F. Usando un garfo, pincha o fondo da codia de empanada a intervalos de 1 polgada. Ás durante 5 minutos, despois pique a masa de novo. Ás ata que se fixe, outros 10 minutos. Retire a casca do forno. Arrefriar nunha reixa durante 10 minutos.

Empanada de espinacas e ricota

Crostata di Spinaci

Para 8 racións

Comín este tipo de tarta en Ferrari, un dos meus restaurantes favoritos de Roma. Algo parecido á quiche, faise con ricotta para darlle máis cremosidade. É ideal para xantar ou merenda, acompañado dunha ensalada e un viño pinot gris arrefriado.

1 receitaRepostería salgada

Recheo

1 libra de espinacas, picadas e lavadas

1/4 cunca de auga

11/2 cuncas de ricota enteira ou parcialmente desnatada

1/2 cunca de crema espesa

3/4 cuncas de Parmigiano-Reggiano recén relado

2 ovos grandes, batidos

1/4 culleres de té de noz moscada recén relada

Sal e pementa negra recén moída

1.Preparar e cocer parcialmente a codia. Reduce a temperatura do forno a 375 °F.

2.Durante este tempo, prepare o recheo. Coloque as espinacas nunha pota grande a lume medio con auga. Cubra e cociña durante 2 ou 3 minutos ou ata que estea suave e tenra. Escorrer e arrefriar. Envolve as espinacas nun pano sen pelusa e espreme a maior cantidade de auga posible. Picar finamente as espinacas.

3.Nunha tigela grande, mestura as espinacas, a ricota, a nata, o queixo, os ovos, a noz moscada e sal e pementa ao gusto. Raspe a mestura na codia preparada.

4.Ás durante 35 a 40 minutos ou ata que o recheo estea lixeiramente dourado.

5.Arrefriar o bolo no molde durante 10 minutos. Retire o bordo exterior e coloque a empanada nun prato para servir. Servir morno ou a temperatura ambiente.

Tarta de porro

Crostata di Porri

Para 6 a 8 porcións

Comín esta torta nunha enoteca ou vinoteca de Boloña. O sabor a noces do parmigiano e da nata mellora o sabor doce dos porros. Tamén se pode facer con cogomelos ou pementos salteados en lugar de porros.

1 receitaRepostería salgada

Recheo

4 porros medianos, uns 1 1⁄4 quilos

3 culleradas de manteiga sen sal

Sal

2 ovos grandes

3⁄4 cunca de crema espesa

1⁄3 cunca de Parmigiano-Reggiano recén relado

Noz moscada recén relada

Pementa negra recén moída

1.Preparar e cocer parcialmente a codia. Reduce a temperatura do forno a 375 °F.

2.Preparar o recheo: cortar a raíz e a maioría das puntas verdes dos porros. Córtaos pola metade lonxitudinalmente e enxágüe ben entre cada capa baixo auga corrente fría. Cortar o porro en rodajas finas transversales.

3.Derreter a manteiga nunha tixola grande a lume medio. Engadir allos porros e un chisco de sal. Cociña, mexendo a miúdo, ata que os allos porros estean tenros cando se perforan cun coitelo, uns 20 minutos. Retira a tixola do lume e deixa arrefriar.

4.Nunha cunca mediana, bata os ovos, a nata, o queixo e un chisco de noz moscada. Engadir porro e pementa ao gusto.

5.Despeje a mestura na codia de torta parcialmente cocida. Ás durante 35 a 40 minutos ou ata que se fixe o recheo. Servir morno ou a temperatura ambiente.

Bocadillos con mozzarella, albahaca e pemento asado

Panini de mozzarella

Para 2 racións

Ás veces fago este bocadillo substituíndo a albahaca por rúcula e o pemento vermello por prosciutto.

4 onzas de queixo mozzarella fresco, cortado en 8 anacos

4 rebandas de pan de aldea

4 follas de albahaca fresca

1/4 cunca de pemento vermello ou amarelo asado, cortado en tiras finas

1.Cortar as rodajas de mozzarella para que se axusten ao pan. Se a mozzarella está suculenta, sécala. Coloque a metade do queixo nunha soa capa sobre dúas rebandas de pan.

2.Dispoñe a albahaca e as follas de pimentón sobre o queixo e cubra coa mozzarella restante. Coloque o pan restante encima e presione firmemente coas mans.

3.Quenta unha prensa de bocadillos ou unha tixola. Coloque os bocadillos na prensa e cociña ata que estean tostados, uns 4 a 5 minutos. Se usas unha fonte de forno, coloca un peso pesado encima como unha tixola. Darlle voltas aos bocadillos cando estean dourados por un lado, botar por riba das pesas e tostar polo outro. Servir quente.

Bocadillos de espinacas e robiola

Panino di Spinaci e Robiola

Para 2 racións

A focaccia engade un bo sabor e textura aos paninis prensados. Podes substituír as espinacas por outras verduras ou usar vexetais sobrantes. Para o queixo gústame utilizar a robiola, un queixo cremoso e suave feito con leite de vaca, cabra ou ovella ou unha combinación, do Piamonte e da Lombardía. Outras opcións son o queixo fresco de cabra ou incluso o queixo batido. Engade unha ou dúas pingas de aceite de trufa ao recheo para obter un sabor terroso e un toque de luxo.

1 paquete (10 onzas) de espinacas frescas

4 onzas de robiola fresca ou substituto de queixo de cabra

Aceite de trufa (opcional)

2 cadrados ou unha porción de focaccia fresca

1.Coloca as espinacas nunha pota grande a lume medio con 1/4 cunca de auga. Cubra e cociña durante 2 ou 3 minutos ou ata que estea suave e tenra. Escorrer e arrefriar. Envolve as espinacas nun pano sen pelusa e espreme a maior cantidade de auga posible.

2.Picar finamente as espinacas e colocalas nunha cunca de tamaño mediano. Engade o queixo e tritura as espinacas co queixo. Se o desexa, engade unha ou dúas pingas de aceite de trufa.

3.Usando un coitelo dentado longo, corta con coidado a focaccia pola metade horizontalmente. Estender a mestura dentro das metades inferiores da focaccia. Coloque as tapas sobre os bocadillos e apláceos suavemente.

4.Quenta unha prensa de bocadillos ou unha tixola. Se usas unha ola a presión, coloque os bocadillos na ola a presión e cociña ata que estean tostados, uns 4 a 5 minutos. Se está a usar unha tixola para asar, coloque os bocadillos na tixola e, a continuación, coloque un peso pesado, como unha tixola, encima.

5.Cando estean dourados por un lado, darlle a volta aos bocadillos, tapar cun peso e tostar polo outro. Servir quente.

Bocadillo de Riviera

Panino della Riviera

Para 4 racións

A fronteira xeográfica que separa Italia e Francia tampouco supón diferenza nos alimentos consumidos por ambos os dous lados. Cun clima e xeografía semellantes, as persoas que viven ao longo das costas italiana e francesa comparten costumes dietéticos moi similares. Un exemplo son o francés pan bagnat e o italiano pane bagnato, que significa "pan bañado", ás veces chamado bocadillo da Riviera en Italia. Este suculento bocadillo, rematado cun aderezo de vinagreta brillante, está cheo de atún e pementos asados. No lado italiano da fronteira, a mozzarella substitúe ao atún e súmanse anchoas, pero o resto é maiormente o mesmo. Este é o bocadillo perfecto para tomar un picnic, xa que os sabores van ben xuntos e mellora tal e como está.

1 barra de pan italiano, duns 12 polgadas de longo

Vendaxe

1 dente de allo, moi finamente picado

1/4 cunca de aceite de oliva

2 culleradas de vinagre

¹1/2 cucharadita de orégano seco, esmagado

Sal e pementa negra recén moída

2 tomates maduros, cortados en rodajas

1 lata (2 onzas) de anchoas

8 onzas de mozzarella en rodajas

2 pementos asados, pelados e sen sementes, co seu zume

12 aceitunas asadas en aceite, deshuesadas e picadas

1. Cortar a barra de pan pola metade lonxitudinalmente e sacar o pan brando por dentro.

2. Mestura os ingredientes do aderezo nunha cunca pequena e verte a metade do aderezo sobre os lados cortados do pan. Cubra a metade inferior do pan con tomates, anchoas, mozzarella, pementos asados e olivas, cubrindo cada capa cun pouco de aderezo.

3. Coloque a parte superior do bocadillo e preme xunto. Envolver en papel de aluminio e cubrir cunha táboa ou tixola pesada.

Deixar a temperatura ambiente ata 2 horas ou refrixerar durante a noite.

4.Cortar en bocadillos de 3 polgadas de ancho. Servir a temperatura ambiente.

Bocadillos triangulares con atún e pemento asado

Tramezzini al Tonno e Pepperoni

Fai 3 bocadillos

Algúns dos mesmos sabores do abundante bocadillo de Riviera atópanse neste delicado bocadillo triangular que probei nun café romano favorito. O atún estaba condimentado con sementes de fiúncho, pero gústame substituílo por pole de fiúncho, que é só sementes de fiúncho moído, pero ten máis sabor. Hoxe en día, é usado por moitos chefs, e pódese atopar en tendas gourmet especializadas en herbas secas, así como en sitios de Internet. Se non atopas pole de fiúncho, substitúeo por sementes de fiúncho, que podes moer nun moedor de especias ou picar cun coitelo.

1 pemento vermello asado pequeno, escurrido e cortado en tiras finas

Aceite de oliva virxe extra

Sal

1 lata (31/2 onzas) de atún italiano envasado en aceite de oliva

2 culleres de maionesa

1 a 2 culleres de té de zume de limón fresco

1 cucharada de cebola picada

1 cucharadita de pole de fiúncho

4 rebandas de pan branco de calidade

1.Cubrir o pemento asado cun pouco de aceite e sal.

2.Escorrer o atún e poñelo nun bol. Triturar ben o atún cun garfo. Mestura a maionesa, o zume de limón ao gusto e a cebola verde.

3.Untar o atún en dúas rebandas de pan. Coloque tiras de pimentón por riba. Cubra co resto de pan, preme levemente.

4.Cortar a codia do pan cun coitelo de chef grande. Corta os bocadillos pola metade en diagonal para que formen dous triángulos. Servir inmediatamente ou cubrir ben con papel film e refrixerar ata que estea listo para servir.

Bocadillos triangulares con xamón e figos

Tramezzini di Prosciutto e Fichi

Fai 2 bocadillos

O salgado do prosciutto e a dozura da marmelada de figos proporcionan un bo contraste neste bocadillo. É moi bo como aperitivo se o cortas en cuartos. Servir con Prosecco espumante.

Manteiga sen sal, a temperatura ambiente

4 rebandas de pan branco de calidade

Unhas 2 culleradas de marmelada de figos

4 lonxas finas de prosciutto italiano importado

1. Unta un pouco de manteiga nun lado de cada rebanada de pan. Estender unhas 2 culleres de té de marmelada de figos sobre a manteiga en cada rebanada.

2. Coloca dúas rodajas de prosciutto na metade das rodajas. Coloque as rebandas de pan restantes coa marmelada cara abaixo sobre o jamón.

3.Cortar a codia do pan cun coitelo de chef grande. Corta os bocadillos pola metade en diagonal para que formen dous triángulos. Servir inmediatamente ou cubrir con film plástico e refrixerar.

Mazás cocidas ao amaretto

Mele ao Amaretto

Fai 6 porcións

O amaretto é un licor doce; Os amaretti son galletas de manteiga. Ambos produtos italianos están aromatizados con dous tipos de améndoas: a coñecida variedade máis unha améndoa lixeiramente amarga que non se come soa, aínda que en Italia adoita empregarse para aromatizar sobremesas. Amaro significa "amargo", e o licor e as galletas recibiron o nome destas améndoas. Ambos están amplamente dispoñibles: galletas en tendas especializadas e por correo, e bebidas alcohólicas en moitas tendas de licores.

A marca máis famosa de galletas amaretti está embalada en latas ou caixas vermellas recoñecibles. As galletas están envoltas por parellas en pano de papel. Hai outras marcas de amaretti que envasan galletas soltas en bolsas. Sempre teño Amaretti na casa. Gárdanse durante moito tempo e beben cunha cunca de té ou como ingrediente en diversos pratos doces e salgados.

As mazás douradas son as miñas favoritas para asar. Os cultivados na zona son doces e crocantes, pero manteñen a súa forma moi ben ao fornear.

6 mazás para asar, como manxar dourado

6 galletas amaretti

6 culleres de azucre

2 culleradas de manteiga sen sal

6 culleradas de amaretto ou ron

1.Coloque a reixa no medio do forno. Prequenta o forno a 375 ° F. Enmanteca unha fonte de forno o suficientemente grande como para manter as mazás en posición vertical.

2.Elimina o núcleo da mazá e pela as mazás a uns dous terzos do camiño cara abaixo do talo.

3.Coloca os biscoitos de amaretti nunha bolsa de plástico e esmagaos suavemente cun obxecto pesado, como un rolo. Nun bol mediano, mestura as migallas co azucre e a manteiga.

4.Poñer un pouco da mestura no centro de cada mazá. Despeje o amaretto sobre as mazás. Despeje 1 cunca de auga ao redor das mazás.

5.Ás durante 45 minutos ou ata que as mazás estean tenras cando se perforan cun coitelo. Servir morno ou a temperatura ambiente.

Tarta de mazá de Livija

Torta di Mele alla Livia

Para 8 racións

A miña amiga Livia Colantonio vive en Umbría nunha granxa chamada Podernovo. A granxa cría gando Chianina, cultiva varias variedades de uva e enche viños baixo a etiqueta Castello delle Regine.

Os hóspedes poden aloxarse nunha das fermosas casas de hóspedes reformadas en Podernovo, que está a só 45 minutos de Roma, e gozar dunhas vacacións tranquilas. Livija fai este sinxelo pero sensacional "bolo" que sempre é bo despois dunha comida de outono ou de inverno. Non é unha empanada no sentido tradicional, xa que está feita case na súa totalidade de mazás, con só unhas migas de galletas entre as capas para reter algúns dos zumes de froitas. Servir con un pouco de nata ou xeado de ron e pasas.

Necesitarás unha tixola redonda ou prato de cocción de 9 polgadas de ancho e 3 polgadas de profundidade. Use un molde para bolo, prato para forno ou soufflé, pero non use un molde para forno xa que o zume de mazá se derramará.

12 galletas amaretti

3 libras de Golden Delicious, Granny Smith ou outras mazás firmes (uns 6 grandes)

¹1/2 cunca de azucre

1.Coloca os biscoitos de amaretti nunha bolsa de plástico e esmagaos suavemente cun obxecto pesado, como un rolo. Deberías ter uns 3/4 cunca de migallas.

2.Pelar as mazás e cortalas en cuartos ao longo. Cortar os cuartos en rodajas de 1/8 polgadas de grosor.

3.Coloque a reixa no medio do forno. Prequenta o forno a 350 ° F. Engraxa xenerosamente unha fonte redonda de 9 x 3 polgadas ou unha tixola tubular. Cubra o fondo da tixola cun círculo de papel de forno. Enmanteiga o papel.

4.Facer unha capa de mazás para que se superpoñan un pouco no fondo da tixola. Espolvoreo cunhas migallas e azucre. Alternativamente, coloca as rodas de mazá restantes na tixola coas migas restantes e o azucre. As rodajas de mazá non teñen que estar ordenadas. Coloca papel de aluminio encima, dándolle forma ao bordo da tixola.

5.Ás as mazás durante 1 hora e media. Destapar e cocer durante 30 minutos máis ou ata que as mazás se amolecen ao perforalas cun coitelo e reduzan o seu volume. Move a tixola a unha reixa. Deixamos arrefriar polo menos 15 minutos. Pasa un coitelo polo bordo da tixola. Suxeitando a tixola co soporte nunha man, coloque un prato plano para servir encima da tixola. Dálle a volta aos dous, para mover as mazás ao prato.

6.Servir a temperatura ambiente, cortar en rodajas. Cubra cun recipiente invertido e garda na neveira ata 3 días.

Damasco en xarope de limón

Albicoche de limón

Fai 6 porcións

Os albaricoques perfectamente maduros non necesitan melloras, pero se tes algúns que non son perfectos, proba a cociñalos en xarope simple de limón. Servir os albaricoques escalfados fríos, preferiblemente con nata montada con sabor a amaretto.

1 cunca de auga fría

1 1/4 cunca de azucre ou ao gusto

2 (2 polgadas) tiras de reladura de limón

2 culleradas de zume de limón fresco

1 libra de albaricoques (uns 8)

1.Nunha pota ou tixola o suficientemente grande como para caber as metades do albaricoque nunha soa capa, combine a auga, o azucre, a reladura e o zume. Poñer a ferver a lume medio-baixo e cociñar, movendo a tixola unha ou dúas veces, durante 10 minutos.

2.Cortar os albaricoques pola metade ao longo da liña e eliminar os noxos. Coloque as metades no xarope fervendo. Cociña, xirando unha vez, ata que a froita estea branda, uns 5 minutos.

3.Deixar arrefriar brevemente os albaricoques no xarope, despois cubrir e gardar na neveira. Servir frío.

Bayas con limón e azucre

Froito do Bosco al Limone

Para 4 racións

O zume de limón fresco e o azucre enfatizan todo o sabor das bagas. Proba isto cun tipo de baga ou unha combinación. Despeje as bagas con xeo de limón ou sorbete, segundo o desexe.

Unha das miñas bagas favoritas, o pequeno amorodo silvestre (fragoline del bosco), é común en Italia pero non está moi dispoñible aquí. Os amorodos silvestres teñen un excelente aroma de amorodo e son fáciles de cultivar en recipientes. As sementes están dispoñibles en moitas empresas do catálogo e podes mercar plantas de moitos viveiros aquí nos Estados Unidos.

1 cunca de amorodos en rodajas

1 cunca de amoras

1 cunca de arándanos

1 cunca de framboesas

Zume de limón recén espremido (aproximadamente 2 culleres de sopa)

Azucre (aproximadamente 1 cucharada)

1.Nunha tigela grande, mestura suavemente as bagas. Despeje o zume de limón e o azucre a gusto. Proba e axusta os condimentos.

2.Dispoña as bagas silvestres en pratos pouco profundos. Servir inmediatamente.

Amorodos con vinagre balsámico

Amorodo balsámico

Para 2 racións

Se podes atopar pequenos amorodos silvestres coñecidos en italiano como fragoline del bosco, utilízaos nesta sobremesa. Pero os amorodos frescos comúns tamén se beneficiarán dunha marinada rápida en vinagre balsámico envellecido. Como un pouco de zume de limón fresco nun anaco de peixe ou sal nun bisté, o sabor intensamente doce e picante do vinagre balsámico realza moitos alimentos. Pense niso como un condimento, non un vinagre.

Probablemente teñas que mercar vinagre balsámico envellecido nunha tenda especializada. Na área de Nova York, unha das miñas fontes favoritas é Di Palo Fine Foods en Grand Street en Little Italy (verFontes). Louis Di Palo é unha enciclopedia ambulante de vinagre balsámico, así como de todos os outros produtos alimenticios importados de Italia. Cando pedín balsámico por primeira vez, sacou varias botellas e ofreceu mostras a todos os que estaban na tenda mentres explicaba cada unha.

O mellor balsámico prodúcese nas provincias de Módena e Reggio en Emilia-Romaña. Suave, complexo e almibarado, sabe máis a un rico

licor que a un vinagre forte, e adoita beber como un cordial. Busca
as palabras Aceto Balsamico Tradizionale na etiqueta. Aínda que é
caro, un pouco vai moito.

1 litro de amorodos silvestres ou cultivados, en rodajas se son grandes

2 culleradas de vinagre balsámico envellecido da mellor calidade ou ao gusto

2 culleres de azucre

Nunha tigela mediana, mestura os amorodos co vinagre e o azucre. Deixar repousar 15 minutos antes de servir.

Framboesas con mascarpone e vinagre balsámico

Bombillas con mascarpone e balsámico

Para 4 racións

Enxágüe sempre as framboesas sensibles xusto antes de que esteas listo para usalas; Se as lavas antes, a humidade pode facer que se estraguen máis rápido. Comprobe-los antes de servilos e desbote os que presenten signos de mofo. Almacena as bagas descubertas nun recipiente pouco profundo na neveira, pero utilízaas o antes posible despois da compra, xa que se estragan rapidamente.

O mascarpone é unha crema espesa e suave que se chama queixo, aínda que só ten un leve sabor de queixo. Ten unha textura semellante á crema de leite, ou un pouco máis espesa. Se queres, podes substituír a crema fresca, a ricotta ou a crema de leite.

11/2 cuncas de mascarpone

Aproximadamente 1/4 cunca de azucre

De 1 a 2 culleradas de vinagre balsámico envellecido da mellor calidade

2 cuncas de framboesas, lixeiramente lavadas e secas

1. Nunha cunca pequena, bata o mascarpone e o azucre ata que estean ben combinados. Engade aceto balsámico ao gusto. Deixar durante 15 minutos e mesturar de novo.

2. Divide as framboesas en 4 vasos ou cuncas para servir. Cubrir con mascarpone e servir inmediatamente.

Cereixas en Barolo

Cereixas ao Barolo

Para 4 racións

Aquí, as cereixas doces e maduras cócense ao estilo piamontés en Barolo ou noutro viño tinto con corpo.

[3]1/4 cunca de azucre

1 cunca de Barolo ou outro viño tinto seco

1 libra de cereixas doces maduras deshuesadas

1 cunca de nata para montar ou nata espesa, moi fría

1.Polo menos 20 minutos antes de estar listo para montar a nata, coloque a cunca grande e as batedoras dunha batidora eléctrica na neveira.

2.Mestura o azucre e o viño nunha pota grande. Poña a ferver e cociña durante 5 minutos.

3.Engadir cereixas. Despois de que o líquido volva a ferver, cociña ata que as cereixas estean tenras cando se perforan cun coitelo, uns 10 minutos máis. Deixalo arrefriar.

4.Inmediatamente antes de servir, retire a tixela e os batidos da neveira. Verter a nata nunha cunca e bater a nata a alta velocidade ata que manteña a súa forma lixeiramente cando se levan os batedores, uns 4 minutos.

5.Dispoña as cereixas en cuncas para servir. Servir a temperatura ambiente ou lixeiramente arrefriado con nata montada.

Castañas asadas en quente

Caldarroste

Para 8 racións

O día de San Martiño, o 11 de novembro, celébrase en toda Italia con castañas asadas quentes e viño tinto recén feito. A celebración marca non só a festa do santo favorito que era coñecido pola súa bondade cos pobres, senón tamén o fin da tempada de crecemento, o día no que o país vai de vacacións de inverno.

As castañas asadas tamén son un toque final clásico para as comidas de vacacións de inverno en toda Italia. Póñoas no forno para asar cando nos sentamos a cear, e cando rematemos o prato principal, xa están listas para comer.

1 quilo de castañas frescas

1. Coloque a reixa no medio do forno. Prequenta o forno a 425 ° F. Enxágüe as castañas e sécaas. Coloque as castañas cara abaixo nunha táboa de cortar. Marca con coidado unha X na parte superior de cada un coa punta dun coitelo pequeno e afiado.

2. Coloca as castañas nunha folla grande de papel de aluminio resistente. Dobra un extremo sobre o outro para encerrar as

castañas. Dobra os extremos para pechar. Coloque o paquete nunha placa de forno. Asar as castañas ata que estean tenras ao perforalas cun coitelo pequeno, uns 45 a 60 minutos.

3. Transfira o paquete de papel aluminio a unha reixa de arrefriamento. Deixar as castañas envoltas en papel de aluminio durante 10 minutos. Servir quente.

Figos en conserva

Marmellata di Fichi

Fai 1 1/2 pintas

Os figos, domésticos e salvaxes, medran por toda Italia, excepto nas rexións máis setentrionais, onde fai demasiado frío. Debido a que son tan doces e están amplamente dispoñibles, os figos úsanse en moitas sobremesas, especialmente no sur de Italia. Os figos maduros están mal almacenados, polo que cando hai moitos a finais do verán, almacénanse de diferentes xeitos. En Puglia, os figos cócense con auga para facer un xarope espeso e doce que se usa nas sobremesas. Os figos tamén se secan ao sol ou se conservan.

Un pequeno lote de figos enlatados é fácil de facer e pódese almacenar durante un mes na neveira. Para un almacenamento máis longo, débese conservar a mermelada (seguindo métodos de conservación seguros) ou conxelarse. Sírvao como acompañamento dun prato de queixo ou para almorzar sobre pan con manteiga de noces.

1/2 quilos de figos maduros frescos, lavados e secos

2 cuncas de azucre

2 tiras de reladura de limón

1.Pelar os figos e cortalos en cuartos. Poñelos nunha cunca mediana con azucre e reladura de limón. Mestura ben. Cubra e refrigere durante a noite.

2.Ao día seguinte, transfire o contido da cunca a unha pota grande e pesada. Deixamos cociñar suavemente a lume medio. Cociña, mexendo ocasionalmente, ata que a mestura espese un pouco, uns 5 minutos. Para comprobar se a mestura é o suficientemente espesa, coloque unha gota de líquido lixeiramente arrefriado entre o polgar e o índice. Se a mestura se fai un fío cando o polgar e o dedo están lixeiramente separados, a lata está lista.

3.Verter en frascos esterilizados e gardar na neveira ata 30 días.

Figos bañados en chocolate

Fichi al Cioccolato

Para 8 a 10 porcións

Os figos secos húmidos cheos de noces e mergullados en chocolate son un bo deleite despois da cea.

Gústame mercar casca de laranxa confitada en Kalustyan's, unha tenda de comestibles de Nova York especializada en especias, froitos secos e froitos secos. Como se venden moito, sempre está fresco e cheo de sabor. Moitas outras tendas especializadas venden boas cascas de laranxa confitadas. Tamén podes solicitalo por correo (verFontes). A casca de laranxa confitada do supermercado e outras froitas córtanse en anacos pequenos e adoitan estar secas e sen sabor.

18 figos secos húmidos (aproximadamente 1 libra)

18 améndoas fritas

1/2 cunca de ralladura de laranxa confitada

4 onzas de chocolate agridoce, picado ou partido en anacos pequenos

2 culleradas de manteiga sen sal

1.Forra unha bandexa con papel encerado e coloca unha reixa de arrefriamento. Fai unha pequena fenda na parte inferior de cada figo. Engade aos figos unha améndoa e un anaco de casca de laranxa. Preme a fenda para pechala.

2.Coloque auga fervendo na metade superior do vapor, derrita o chocolate e a manteiga, uns 5 minutos. Retirar do lume e remover ata que quede suave. Deixalo repousar 5 minutos.

3.Molla cada figo no chocolate derretido e colócao nunha reixa. Cando todos os figos estean a remollo, coloque a bandexa na neveira para que o chocolate se fixe, aproximadamente 1 hora.

4.Coloque os figos nun recipiente hermético, separando cada capa con papel encerado. Conservar na neveira ata 30 días.

Figos en xarope de viño

Fichi alla Contadina

Para 8 racións

Os figos secos de Calimyrna e California Mission están húmidos e gordos. Podes usar calquera tipo para esta receita. Despois de pochar, están boas tal e como están ou servidas con xeado ou nata montada. Tamén van ben con queixo gorgonzola.

1 cunca de vin santo, marsala ou viño tinto seco

2 culleres de mel

2 (2 polgadas) tiras de reladura de limón

18 figos secos húmidos (aproximadamente 1 libra)

1.Nunha tixola de tamaño mediano, mestura o vin santo, o mel e a reladura de limón. Poña a ferver e cociña durante 1 minuto.

2.Engade os figos e auga fría para cubrir. Poña o líquido a ferver a lume lento e cubra a pota. Cociña ata que os figos estean brandos, uns 10 minutos.

3.Usando unha culler ranurada, transfire os figos da pota a unha cunca. Ferva o líquido, sen tapar, ata que estea reducido e lixeiramente espeso, uns 5 minutos. Botar o xarope sobre os figos e deixar arrefriar. Manter no frigorífico polo menos 1 hora e ata 3 días. Servir lixeiramente arrefriado.

Os figos asados de Dora

Fichi al Forno

hai 2 ducias

Os figos secos recheos de noces son unha especialidade de Pugliese. Esta receita é da miña amiga Dora Marzovilla, que as serve como merenda despois da cea no restaurante familiar I Trulli de Nova York. Servir os figos cunha copa de viño de sobremesa, como o Moscato di Pantelleria.

24 figos secos húmidos (uns 1 1/2 libras), eliminado a parte superior do talo

24 améndoas fritas

1 cucharada de sementes de fiúncho

1/4 cunca de follas de loureiro

1.Coloque a reixa no medio do forno. Prequenta o forno a 350 ° F. Elimina os extremos duros do talo de cada figo. Cortar a base dos figos cun coitelo pequeno. Introducir a améndoa nos figos e espremer a fenda.

2.Coloque os figos nunha tixola de forno e hornee durante 15 a 20 minutos ou ata que estean lixeiramente dourados. Deixar arrefriar nunha reixa.

3.Coloca os figos nun recipiente de vidro ou plástico de 1 litro hermeticamente pechado. Espolvoreo algunhas sementes de fiúncho. Cubrir cunha capa de follas de loureiro. Repita as capas ata usar todos os ingredientes. Cubra e garda nun lugar fresco (pero non na neveira) polo menos 1 semana antes de servir.

Meleado en xarope de menta

Melone á menta

Para 4 racións

Despois dunha excelente cea de peixe nun restaurante á beira do mar de Sicilia, servíronnos esta combinación fresca de melón doce mergullado en xarope de menta fresca.

1 cunca de auga fría

1/2 cunca de azucre

1/2 cunca de follas de menta fresca envasadas e máis para decorar

De 8 a 12 rodajas de melón maduro pelado

1.Mestura auga, azucre e follas de menta nunha pota. Poña a ferver e cociña durante 1 minuto ou ata que as follas estean tenras. Retirar do lume. Deixar arrefriar e, a continuación, colar o xarope a través dun colador de malla fina nunha cunca para escurrir as follas de menta.

2.Poñer o melón nunha bandexa e botarlle o xarope. Arrefriar brevemente na neveira. Servir decorado con follas de menta.

Laranxas en xarope de laranxa

Marinada de laranxa

Para 8 racións

As laranxas suculentas en xarope doce son a sobremesa perfecta despois dunha deliciosa comida. Gústame especialmente servilos no inverno cando as laranxas frescas son as mellores. Dispoñidas nunha bandexa, as laranxas quedan moi bonitas cunha cobertura de tiras de reladura de laranxa e xarope espumoso. Como variación, corta a laranxa en rodajas e mestúraa con ananás madura en rodajas. Servir a salsa de laranxa sobre todo.

8 laranxas de embigo grandes

11/4 cuncas de azucre

2 culleradas de augardente ou licor de laranxa

1.Fregar as laranxas cun pincel. Recorta as partes superiores. Usando un pelador de verduras, elimina a parte coloreada da casca de laranxa (casca) en tiras anchas. Evite cavar na médula branca amarga. Apila as tiras de cortiza e córtaas en mistos estreitos.

2.Elimina a cor branca da laranxa. Coloca as laranxas nun prato de servizo.

3.Ferva unha pota pequena con auga. Engade a casca de laranxa e cociña a lume suave. Cociña durante 1 minuto. Escorrer a casca e enxágüe con auga fría. Repetir. (Isto axudará a eliminar parte do amargor da casca.)

4.Coloca o azucre e 1/4 cunca de auga noutra pota pequena a lume medio-alto. Ferva a mestura. Cociña ata que o azucre se disolva e o xarope espese, uns 3 minutos. Engade a casca de laranxa e cociña por outros 3 minutos. Deixalo arrefriar.

5.Engade a augardente de laranxa ao contido da pota. Retirar a casca de laranxa do xarope cun garfo e colocala sobre as laranxas. Culler no xarope. Cubra e refrigere ata 3 horas antes de servir.

Laranxas gratinadas con Zabaglione

Arancia allo Zabaglione

Para 4 racións

Gratiné é unha palabra francesa que significa dourar a superficie dun prato. Adóitase aplicar aos alimentos salgados que se espolvoren con pan relado ou queixo para douralos.

O zabaglione adoita servirse só ou como mergullo para froitas ou bolos. Aquí, bótase sobre as laranxas e frítese un pouco ata que se doura lixeiramente e crea un revestimento cremoso. Plátanos, kiwis, bagas ou outras froitas brandas tamén se poden preparar deste xeito.

6 laranxas navel, peladas e cortadas en rodajas finas

sabayon

1 ovo grande

2 xemas de ovo grandes

⅓ cunca de azucre

⅓ cunca de marsala seca ou doce

1. Quenta a grella. Coloque as rodajas de laranxa nunha fonte de forno refractaria, superpoñéndoas un pouco.

2. Prepare o zabaglione: enche unha tixola pequena ou o fondo dunha ola a presión con dous centímetros de auga. Deixamos cocer a lume lento. Nunha cunca máis grande que o bordo da tixola ou a parte superior do vapor, combine o ovo, as xemas de ovo, o azucre e o Marsala. Bater cunha batedora eléctrica ata que estea espumosa. Poñer sobre unha cunca con auga fervendo. Bata ata que a mestura estea pálida e manteña unha forma suave cando se erguen os batedores, uns 5 minutos.

3. Estender o zabaglione sobre as laranxas. Coloque a tixola debaixo do asador durante 1 ou 2 minutos ou ata que o zabaglione estea dourado en puntos. Servir inmediatamente.

Pexegos brancos en Asti Spumante

Pesche Bianche en Asti Spumante

Para 4 racións

Asti Spumante é un viño de sobremesa doce e espumante do Piamonte, no noroeste de Italia. Ten un delicado sabor e cheiro a flor de laranxa que procede das uvas moscatel. Se non atopas pexegos brancos, os pexegos amarelos funcionarán ben ou substituirán por outras froitas do verán, como nectarinas, ameixas ou albaricoques.

4 pexegos brancos maduros grandes

1 cucharada de azucre

8 onzas de Asti Spumante arrefriado

1.Pelar e deshuesar os pexegos. Córtaos en rodajas finas.

2.Mesturar os pexegos co azucre e deixar durante 10 minutos.

3.Culler de pexegos en vasos ou vasos de parfait. Verter o Asti Spumante e servir inmediatamente.

Pexegos en viño tinto

Peixe con viño tinto

Para 4 racións

Lembro ver ao meu avó cortar os seus pexegos brancos da casa para mollar nunha xerra de viño tinto. Os zumes de melocotón doces domaron calquera acidez do viño. Os pexegos brancos son os meus favoritos, pero tamén son bos os pexegos amarelos ou as nectarinas.

1/3 cunca de azucre ou ao gusto

2 cuncas de viño tinto afroitado

4 pexegos maduros

1.Nunha tigela mediana, mestura o azucre e o viño.

2.Cortar os pexegos pola metade e eliminar os noxos. Cortar os pexegos en anacos pequenos. Mestúraos co viño. Cubra e refrigere durante 2 a 3 horas.

3.Verter os pexegos e o viño en vasos e servir.

Pexegos recheos de amaretti

Pesche al Forno

Para 4 racións

Esta é a sobremesa favorita de Piamonte. Servir con crema espesa ou cuberto cunha cullerada de xeado.

8 pexegos medianos, non demasiado maduros

8 galletas amaretti

2 culleradas de manteiga amolecida sen sal

2 culleres de azucre

1 ovo grande

1. Coloque a reixa no medio do forno. Prequenta o forno a 375 ° F. Unta unha fonte de manteiga o suficientemente grande como para conter as metades do pexego nunha soa capa.

2. Coloca os biscoitos de amaretti nunha bolsa de plástico e esmagaos suavemente cun obxecto pesado, como un rolo. Deberías ter aproximadamente 1/2 cunca. Bater a manteiga e o azucre nunha cunca mediana e engadir as migas.

3.Ao longo da liña ao redor dos pexegos, córtaos pola metade e elimina a pedra. Usando unha culler de pomelo ou unha bola de melón, saca parte da polpa do pexego do centro para ampliar a abertura e engádea á mestura de migas. Engade o ovo á mestura.

4.Coloque as metades de pexego cortadas cara arriba nun prato. Despeje un pouco da mestura de migas sobre cada metade de pexego.

5.Ás durante 1 hora ou ata que os pexegos estean brandos. Servir quente ou a temperatura ambiente.

Peras en salsa de laranxa

Pere all 'Arancia

Para 4 racións

Cando visitei a Anna Tasca Lanza en Regaleali, a finca vitivinícola da súa familia en Sicilia, deume parte da súa deliciosa marmelada de mandarina para levar a casa. Anna usa a marmelada como salsa para untar e de sobremesa, e inspiroume a mesturar un pouco no líquido para pochar algunhas peras que estaba a cociñar. As peras tiñan un fermoso esmalte dourado e a todos encantoulles o resultado. Agora fago esta sobremesa moitas veces. Como axiña esgotei o subministro de marmelada que me deu Anna, uso unha marmelada de laranxa de boa calidade comprada na tenda.

1/2 cunca de azucre

1 cunca de viño branco seco

4 peras maduras firmes, como Anjou, Bartlett ou Bosc

1/3 cunca de marmelada de laranxa

2 culleradas de licor de laranxa ou ron

1.Nunha pota o suficientemente grande como para conter as peras, mestura o azucre e o viño en posición vertical. Poña a ferver a lume medio e cociña ata que se disolva o azucre.

2.Engadir as peras. Cubra a tixola e cociña uns 30 minutos ou ata que as peras estean tenras cando se perforan cun coitelo.

3.Transferir as peras a un prato de servir cunha culler ranurada. Engade a marmelada ao líquido da pota. Poña a ferver e cociña durante 1 minuto. Retirar do lume e engadir o licor. Despeje a salsa sobre e arredor das peras. Cubra e enfríe na neveira durante polo menos 1 hora antes de servir.

Peras con marsala e nata

Pere al Marsala

Para 4 racións

Tiven peras preparadas así nunha trattoria de Boloña. Se as preparas antes da cea, estarán á temperatura adecuada para servir cando esteas listas para a sobremesa.

Podes atopar Marsala seca e doce importada de Sicilia, aínda que seca é de mellor calidade. Ambos pódense usar para facer sobremesas.

4 peras grandes Anjou, Bartlett ou Bosc, non demasiado maduras

1/4 cunca de azucre

1/2 cunca de auga

1/2 cunca de marsala seca ou doce

1/4 cunca de crema espesa

1.Pelar as peras e cortalas pola metade lonxitudinalmente.

2.Nunha tixola o suficientemente grande como para caber as metades das peras nunha soa capa, ferva o azucre e a auga a lume medio. Mesturar para disolver o azucre. Engadir as peras e cubrir a tixola. Cociña de 5 a 10 minutos ou ata que as peras estean case tenras cando se perforan cun garfo.

3. Transferir as peras a un prato cunha culler ranurada. Engade o marsala á tixola e deixe ferver. Cociña ata que o xarope espese un pouco, uns 5 minutos. Engadir a nata e deixar ferver durante 2 minutos máis.

4. Volve poñer as peras na tixola e botarlle a salsa. Transferir as peras a pratos de servir e botar a salsa sobre elas. Deixar arrefriar a temperatura ambiente antes de servir.

Peras con salsa de chocolate quente

Pere Affogato al Cioccolato

Fai 6 porcións

As peras frescas mergulladas en salsa de chocolate agridoce son unha sobremesa clásica europea. Tíñaa en Boloña, onde a salsa de chocolate está feita con chocolate Majani, unha marca local que, por desgraza, non se afasta moi lonxe da súa cidade natal. Use chocolate agridoce de alta calidade. Unha marca que amo, Scharffen Berger, está feita en California.

6 Peras Anjou, Bartlett ou Bosc, non demasiado maduras

2 cuncas de auga

3 1/4 cunca de azucre

4 (2 × 1/2 polgadas) tiras de ralladura de laranxa, cortadas en varas

11/2 cuncassalsa de chocolate quente

1.Pelar as peras, deixar os tallos intactos. Usando unha bola de melón ou unha culler pequena, saca o núcleo e as sementes, traballando desde a parte inferior da pera.

2.Nunha tixola o suficientemente grande como para conter todas as peras, ferva a auga, o azucre e a reladura de laranxa a lume medio. Mestura ata que o azucre se disolva.

3.Engadir as peras e reducir o lume. Tapa a tixola e cociña, dándolle a volta ás peras unha vez, durante 20 minutos ou ata que estean tenras ao perforalas cun coitelo pequeno. Deixamos arrefriar as peras no xarope.

4.Cando estea listo para servir, prepare a cobertura de chocolate.

5.Transferir as peras a pratos de servir cunha culler ranurada. (Cubra e refrigere o xarope para outro uso, como botar con froitas en rodajas para unha ensalada.) Regar con salsa de chocolate morna. Servir inmediatamente.

Peras aderezadas con ron

Pere al Rhum

Fai 6 porcións

O sabor doce, suave e case floral das peras maduras combina ben con moitos outros sabores complementarios. Combinan ben con froitas como laranxas, limóns e bagas, así como con numerosos queixos, e adoitan empregarse marsala e viños secos para cazar peras. En Piamonte, sorprendeume gratamente cando me serviron estas peras cociñadas en xarope de ron especiado cunha simple torta de abelás.

6 Peras Anjou, Bartlett ou Bosc, non demasiado maduras

1/4 cunca de azucre moreno

1/4 cunca de ron escuro

1/4 cunca de auga

4 cravos enteiros

1.Pelar as peras, deixar os tallos intactos. Usando unha bola de melón ou unha culler pequena, saca o núcleo e as sementes, traballando desde a parte inferior da pera.

2.Nunha tixola o suficientemente grande como para conter as peras, bata o azucre, o ron e a auga a lume medio ata que se disolva o azucre, uns 5 minutos. Engadir as peras. Espolvoreo dentes arredor da froita.

3.Cubra o recipiente e deixe ferver o líquido. Cociña a lume medio-baixo durante 15 a 20 minutos ou ata que as peras estean tenras cando se perforan cun coitelo. Transferir as peras a un prato de servir cunha culler ranurada.

4.Ferva o líquido sen tapar ata que reduza e espese. Coar o líquido sobre as peras. Deixalo arrefriar.

5.Servir a temperatura ambiente ou cubrir e enfriar na neveira.

Peras especiadas de pecorino

Pere allo Spezie e Pecorino

Fai 6 porcións

Os toscanos están orgullosos do seu excelente queixo de ovella. Cada cidade ten a súa propia versión, e cada unha ten un sabor lixeiramente diferente ás outras, dependendo da súa idade e de onde proceda o leite. Os queixos adoitan consumirse cando son bastante novos e aínda semiduros. Cando se come de sobremesa, ás veces o queixo cóbrese cun pouco de mel ou sérvese con peras. Encántame esta presentación sofisticada que tiven en Montalcino: pecorino servido con peras cocidas en viño tinto local e especias, acompañado de noces frescas.

Por suposto, as peras pódense servir soas ou cunha gran cullerada de nata montada.

6 peras anjou medianas, bartlett ou bosc, non demasiado maduras

1 cunca de viño tinto seco

1/2 cunca de azucre

1 pau de canela (3 polgadas)

4 cravos enteiros

8 onzas de queixo Pecorino Toscano, Asiago ou Parmigiano-Reggiano, cortado en 6 anacos

12 metades de noces, tostadas

1.Coloque a reixa no medio do forno. Prequenta o forno a 450 ° F. Coloca as peras nunha fonte o suficientemente grande como para mantelas en posición vertical.

2.Mestura o viño e o azucre ata que o azucre se abranda. Despeje a mestura sobre as peras. Espolvoreo canela e cravo ao redor das peras.

3.Ás as peras, bañando ocasionalmente co viño, durante 45 a 60 minutos ou ata que estean tenras ao perforalas cun coitelo. Se o líquido comeza a secar antes de que as peras estean listas, engade un pouco de auga morna á tixela.

4.Deixar arrefriar as peras nun prato, regando de cando en vez co zume da pota. (A medida que arrefrían os zumes, espesan e recubren as peras cun rico esmalte vermello.) Elimina as especias.

5.Servir as peras con xarope a temperatura ambiente ou lixeiramente arrefriadas. Dispoñemos en pratos para servir con dúas metades de noces e unha rebanada de queixo.

Peras pochadas con gorgonzola

Pere al Gorgonzola

Para 4 racións

O forte sabor do queixo gorgonzola mesturado con crema suave é unha deliciosa adición a estas peras escalfadas en xarope de viño branco de limón. Un pouco de pistacho engade unha cor brillante. As peras Anjou, Bartlett e Bosc son as miñas variedades favoritas para a caza furtiva porque a súa forma delgada permite unha cocción uniforme. As peras escalfadas manteñen mellor a súa forma cando a froita non está demasiado madura.

2 cuncas de viño branco seco

2 culleradas de zume de limón fresco

³1/4 cunca de azucre

2 (2 polgadas) tiras de reladura de limón

4 peras, como Anjou, Bartlett ou Bosc

4 onzas de gorgonzola

2 culleradas de ricotta, mascarpone ou nata

2 culleradas de pistachos picados

1.Nunha tixola de tamaño mediano, mestura o viño, o zume de limón, o azucre e a reladura de limón. Poña a ferver e cociña durante 10 minutos.

2.Mentres, pelamos as peras e cortalas pola metade lonxitudinalmente. Elimina os núcleos.

3.Deixar as peras no xarope de viño e cociñar ata que se amolecen ao perforar cun coitelo, uns 10 minutos. Deixalo arrefriar.

4.Usando unha culler ranurada, transfire dúas metades de pera a cada prato de servir, co centro cara arriba. Botar o xarope ao redor das peras.

5.Nunha cunca pequena, trituramos o gorgonzola coa ricotta para facer unha pasta homoxénea. Coloque parte da mestura de queixo no espazo do centro de cada metade de pera. Espolvoreo con pistachos. Servir inmediatamente.

Bolo de pudim de pera ou mazá

Budino di Pere ou Mele

Fai 6 porcións

Non é un bolo nin un pudim, esta sobremesa consiste en froitas cocidas ata que estean suaves e despois cocidas cunha cobertura que semella un pouco a torta. É bo con mazás ou peras ou mesmo con pexegos ou ameixas.

Gústame usar ron escuro para aromatizar esta sobremesa, pero podes substituír o ron claro, o coñac ou mesmo o brandy.

3/4 cunca de pasas

1/2 cunca de ron escuro, coñac ou grappa

2 culleradas de manteiga sen sal

8 peras ou mazás maduras e firmes, peladas e cortadas en rodajas de 1/2 polgada

1/3 cunca de azucre

Adición

6 culleradas de manteiga sen sal, derretida e arrefriada

¹/3 cunca de azucre

¹1/2 cunca de fariña para todo uso

3 ovos grandes, separados

²1/3 cunca de leite enteiro

2 culleradas de ron escuro, coñac ou augardente

1 cucharadita de extracto puro de vainilla

Un chisco de sal

azucre en po

1.Mestura as pasas e o ron nunha cunca pequena. Deixalo repousar durante 30 minutos.

2.Derrita a manteiga nunha tixola grande a lume medio. Engadir froita e azucre. Cociña, mexendo ocasionalmente, ata que a froita estea case tenra, uns 7 minutos. Engadir pasas e ron. Cociña outros 2 minutos. Retirar do lume.

3.Coloque a reixa no medio do forno. Prequentar o forno a 350 ° F. Untar unha fonte de 13 × 9 × 2 polgadas. Despeje a mestura de froitas na tixola.

4.Prepare a cobertura: nun bol grande, cunha batedora eléctrica, bata a manteiga e o azucre ata que se combinen, uns 3 minutos. Engade a fariña, só para combinar.

5.Nun bol mediano, mestura as xemas de ovo, o leite, o ron e a vainilla. Mestura a mestura de ovos coa mestura de fariña ata que estea combinada.

6.Noutro recipiente grande, cuns batedores limpos, batemos as claras co sal a baixa velocidade ata que formen escuma. Aumente a velocidade e bata ata que se formen picos suaves, uns 4 minutos. Mestura suavemente as claras co resto da masa. Despeje a masa sobre a froita no molde e coce durante 25 minutos ou ata que a parte superior estea dourada e firme ao tacto.

7.Servir morno ou a temperatura ambiente, espolvoreado con azucre en po.

Compota de froitas quentes

Composto de froitas de Calda

Para 6 a 8 porcións

O ron úsase a miúdo para aromatizar sobremesas en Italia. O ron escuro ten un sabor máis profundo que o ron claro. Se queres, substitúe o ron por outro licor ou un viño doce como o Marsala nesta receita. Ou fai unha versión sen alcohol con zume de laranxa ou de mazá.

2 peras maduras firmes, peladas e deshuesadas

1 mazá Golden delicious ou Granny Smith, pelada e sen corazón

1 cunca de ameixas ameixas sen hueso

1 cunca de figos secos, sen puntas

1/2 cunca de albaricoques secos sen semillas

1/2 cunca de pasas negras

1/4 cunca de azucre

2 (2 polgadas) tiras de reladura de limón

1 cunca de auga

¹1/2 cunca de ron escuro

1.Cortar as peras e as mazás en 8 partes. Cortar as rodajas en anacos pequenos.

2.Mestura todos os ingredientes nunha pota grande. Cubra e deixe ferver a lume medio-baixo. Cociña ata que a froita fresca estea suave e a froita seca estea gorda, uns 20 minutos. Engade un pouco máis de auga se parecen secos.

3.Deixar arrefriar un pouco antes de servir ou cubrir e refrixerar ata 3 días.

Froita caramelizada veneciana

Golosezzi Veneziani

Para 8 racións

O revestimento de caramelo destes pinchos de froita veneciana endurece, cun resultado similar ao doce de mazá. Seca a froita e fai estes pinchos de froita nun día seco. Se o clima é húmido, o doce non se endurecerá correctamente.

1 mandarina ou clementina, pelada, dividida en rodajas

8 amorodos pequenos, pelados

8 uvas sen sementes

8 dátiles encaixados

1 cunca de azucre

1/2 cunca de xarope de millo lixeiro

1/4 cunca de auga

1.Rosca os anacos de froita alternativamente en cada un dos oito pinchos de madeira de 6 polgadas. Coloque unha reixa de arrefriamento na bandexa.

2.Nunha tixola o suficientemente grande como para caber os pinchos lonxitudinalmente, mestura o azucre, o xarope de millo e a auga. Cociña a lume medio, mexendo ocasionalmente, ata que o azucre estea completamente disolto, uns 3 minutos. Cando a mestura comece a ferver, deixa de revolver e cociña ata que o xarope comece a dourarse polos bordos. A continuación, axita suavemente a tixola ao lume ata que o xarope estea dun marrón dourado uniforme, uns 2 minutos máis.

3.Retire a tixola do lume. Usando unhas pinzas, mergulla rapidamente cada pincho no xarope, dándolle a volta para que cubra lixeiramente pero completamente a froita. Deixa que o exceso de xarope volva ao recipiente. Coloque os pinchos nunha reixa para arrefriar. (Se o xarope na tixola se endurece antes de mergullar todos os pinchos, quéntao suavemente.) Servir a temperatura ambiente nun prazo de 2 horas.

Froita con mel e augardente

Composto de froitas grappa

Fai 6 porcións

A grappa é un tipo de augardente que se elabora a partir de vinaccia, as peles e as sementes quedan despois de prensar as uvas para facer viño. Houbo un tempo no que a grappa era unha bebida cru que bebían principalmente os obreiros e obreiros do norte de Italia para abrigarse nos fríos días de inverno. Hoxe, a grappa é unha bebida moi refinada que se vende en botellas de deseño con tapas decoradas. Algunhas grappas son aromatizadas con froitas ou herbas, mentres que outras son envellecidas en barricas de madeira. Use augardente sen sabor para esta ensalada de froitas e para outros fins de cociña.

⅓ cunca de mel

⅓ cunca de augardente, augardente ou licor de froitas

1 cucharada de zume de limón fresco

2 kiwis, pelados e cortados en rodajas

2 laranxas do embigo, peladas e cortadas en rodajas

1 litro de amorodos en rodajas

1 cunca de uvas verdes sen sementes, cortadas pola metade

2 plátanos medianos, cortados en rodajas

1.Nunha cunca grande, mestura o mel, o brandy e o zume de limón.

2.Engade kiwi, laranxas, amorodos e uvas. Refrixera durante polo menos 1 hora ou ata 4 horas. Engade as bananas xusto antes de servir.

Ensalada de froitas de inverno

Macedonia de inverno

Fai 6 porcións

En Italia, a ensalada de froitas chámase Macedonia, porque ese país adoitaba dividirse en moitas partes pequenas que formaban un todo, do mesmo xeito que unha ensalada consiste en anacos de diferentes froitas do tamaño dun bocado. No inverno, cando a elección de froitas é limitada, os italianos preparan ensaladas coma esta, regadas de mel e zume de limón. Como variante, substitúe o mel por marmelada de albaricoque ou marmelada de laranxa.

3 culleradas de mel

3 culleradas de zume de laranxa

1 cucharada de zume de limón fresco

2 pomelos, pelados e cortados en rodajas

2 kiwis, pelados e cortados en rodajas

2 peras maduras

2 cuncas de uvas verdes sen sementes, cortadas pola metade
lonxitudinalmente

1.Nunha tigela grande, mestura o mel, o zume de laranxa e o zume de limón.

2.Engade a froita á tixela e mestura ben. Refrixera polo menos 1 hora ou ata 4 horas antes de servir.

Froita de verán á prancha

Spiedini alla Frutta

Fai 6 porcións

A froita de verán á prancha é ideal para o churrasco. Sírvaos sós ou con rebandas de bolo e xeado.

Se usas pinchos de madeira, móllaos en auga fría polo menos 30 minutos para evitar que se queimen.

2 nectarinas, cortadas en anacos de 1 polgada

2 ameixas, cortadas en anacos de 1 polgada

2 peras, cortadas en anacos de 1 polgada

2 albaricoques, cortados en cuartos

2 plátanos, cortados en anacos de 1 polgada

follas de menta fresca

Aproximadamente 2 culleradas de azucre

1. Coloque unha grella ou grella a uns 5 polgadas da fonte de calor. Quenta a grella ou o asador.

2.Alterna pezas de froita con follas de menta en 6 pinchos. Espolvoreo con azucre.

3.Grella a froita durante 3 minutos por un lado. Xire os pinchos e grella ata que estean lixeiramente dourados, uns 2 minutos máis. Servir quente.

Ricota quente con mel

Ricota con Miele

Para 2 a 3 porcións

O éxito desta sobremesa depende da calidade da ricotta, así que compre o máis fresco dispoñible. Aínda que a ricota semidesnatada está ben, non a graxa é moi granosa e insípida, así que non a uses. Se queres, engade froita fresca ou proba con pasas e un chisco de canela.

1 cunca de ricotta de leite enteiro

2 culleres de mel

1. Coloque a ricotta nunha cunca pequena sobre unha pota máis pequena de auga fervendo. Quenta ata que se quente, uns 10 minutos. Mestura ben.

2. Coloque a ricotta en pratos para servir. Regar con mel. Servir inmediatamente.

café ricota

Ricotta todo café

Para 2 a 3 porcións

Aquí tes unha sobremesa rápida que é apta para moitas variacións. Acompáñanos con galletas de queso.

Se non podes mercar un espresso finamente moído, asegúrate de omitir o café moído a través dun molinillo de café ou dunha máquina multiusos. Se os grans son demasiado grandes, a sobremesa non se mestura ben e terá unha textura areosa.

1 cunca (8 onzas) de ricotta enteira ou parcialmente desnatada

1 cucharada de café finamente moído (espresso)

1 cucharada de azucre

Pepitas de chocolate

Nun bol mediano, mestura a ricotta, o espresso e o azucre ata que a mestura estea homoxénea e o azucre estea disolto. (Para unha textura máis cremosa, mestura os ingredientes nunha batidora multiusos.) Despeje en vasos ou vasos de parfait e cubra con virutas de chocolate. Servir inmediatamente.

Variación: Para o café ricota con chocolate, substitúe 1 cucharada de cacao sen azucre.

Mascarpone e pexegos

Mascarpone ao Pesche

Fai 6 porcións

O mascarpone suave e cremoso e os pexegos con amaretti crocantes quedan encantadores en parfait ou copas de viño. Sirva esta sobremesa na cea. Ninguén adiviñará o fácil que é facelo.

1 cunca (8 onzas) de mascarpone

1/4 cunca de azucre

1 cucharada de zume de limón fresco

1 cunca de nata moi fría

3 pexegos ou nectarinas, pelados e cortados en anacos pequenos

1/3 cunca de licor de laranxa, amaretto ou ron

8 galletas amaretti, trituradas en migas (aproximadamente 1/2 cunca)

2 culleradas de améndoas tostadas en rodajas

1. Polo menos 20 minutos antes de estar listo para facer a sobremesa, coloque unha cunca grande e os batedores dunha batedora eléctrica na neveira.

2. Cando estea listo, nunha cunca mediana, mestura o mascarpone, o azucre e o zume de limón ata que forme escuma. Retire a tixela e os batidos da neveira. Verter a nata nunha cunca fría e bater a nata a gran velocidade ata que manteña lixeiramente a súa forma ao levantar as batedoras, uns 4 minutos. Usando unha espátula, mestura suavemente a nata montada coa mestura de mascarpone.

3. Nunha tigela mediana, mestura os pexegos e o licor.

4. Despeje a metade da crema de mascarpone en seis copas de parfait ou copas de viño. Fai unha capa de pexegos, despois espolvoreo con migas de amaretti. Cubrir coa crema restante. Cubra e refrigere ata 2 horas.

5. Espolvoreo con améndoas antes de servir.

Mousse de chocolate con framboesas

Spuma di Cioccolato al Lampone

Para 8 racións

A nata montada envolta en mascarpone e chocolate é como unha mousse de chocolate instantánea. As framboesas son unha adición doce e picante.

1 medio litro de framboesas

1 a 2 culleres de sopa de azucre

2 culleradas de licor de framboesa, cereixa ou laranxa

3 onzas de chocolate negro ou semidoce

1/2 cunca (4 onzas) de mascarpone, a temperatura ambiente

2 cuncas de crema batida fría ou espesa

Virutas de chocolate, para decoración

1. Polo menos 20 minutos antes de estar listo para facer a sobremesa, coloque unha cunca grande e os batedores dunha batedora eléctrica na neveira.

2.Cando estea listo, mestura as framboesas co azucre e o licor nunha cunca mediana. Deixa de lado.

3.Encha unha pota pequena cunha polgada de auga. Deixamos cocer a lume lento. Coloque o chocolate nunha cunca máis grande que o bordo da cunca e coloque a cunca sobre a auga fervendo. Deixamos repousar ata que se derrita o chocolate. Retirar do lume e remover o chocolate ata que quede suave. Deixamos arrefriar un pouco, uns 15 minutos. Usando unha espátula de goma, mestura o mascarpone.

4.Retire a tixela fría e os mesturadores da neveira. Verter a nata nunha cunca e bater a nata a alta velocidade ata que manteña a súa forma lixeiramente cando se levan os batedores, uns 4 minutos.

5.Usando unha espátula, mestura suavemente a metade da nata coa mestura de chocolate e deixa a outra metade para cubrir.

6.Despeje a metade da crema de chocolate en oito vasos de parfait. Apilar as framboesas. Despeje a crema de chocolate restante. Cubrir con nata montada por riba. Decorar con virutas de chocolate. Servir inmediatamente.

Tiramisú

Tiramisú

Para 8 a 10 porcións

Ninguén está moi seguro de por que esta sobremesa se chama "pick me up" en italiano, pero suponse que o nome provén da cafeína que proporcionan o café e o chocolate. Aínda que a versión clásica contén xemas de ovo crus mesturadas con mascarpone, a miña versión é sen ovos porque non me gusta o sabor dos ovos crus e creo que dificultan a sobremesa máis do que debe ser.

Os savoiardi (galletas crocantes importadas de Italia) están amplamente dispoñibles, pero pódense substituír por biscoitos ou rodajas de biscoito simple. Se o desexa, engade un par de culleres de ron ou coñac ao café.

1 cunca de crema batida fría ou espesa

1 libra de mascarpone

⅓ cunca de azucre

24 savoiardi (galletas italianas importadas)

1 cunca de espresso preparado a temperatura ambiente

2 culleradas de cacao en po sen azucre

1. Polo menos 20 minutos antes de estar listo para facer a sobremesa, coloque unha cunca grande e os batedores dunha batedora eléctrica na neveira.

2. Cando estea listo, colle o recipiente e os batidos da neveira. Verter a nata nunha cunca e bater a nata a alta velocidade ata que manteña a súa forma lixeiramente cando se levan os batedores, uns 4 minutos.

3. Nunha tigela grande, bata o mascarpone e o azucre ata que quede suave. Toma aproximadamente un terzo da nata montada e méteo suavemente na mestura de mascarpone cunha espátula flexible para alixeirala. Mestura coidadosamente a crema restante.

4. Molla suavemente e rapidamente a metade do savoiardi no café. (Non os ateiga ou se desmoronarán.) Coloque as galletas nunha soa capa nun prato cadrado ou redondo de 9 × 2 polgadas. Despeje a metade da crema de mascarpone.

5. Molla o savoiard restante no café e colócao nunha capa encima do mascarpone. Cubrir co resto da mestura de mascarpone e espallar suavemente cunha espátula. Coloque o cacao nun colador de malla fina e espolvoreo sobre a sobremesa. Cubra con papel de aluminio ou envoltura de plástico e refrigere durante 3 a 4 horas ou durante a noite para que os sabores se fusionen. Conservarase ben na neveira ata 24 horas.

Tiramisú de fresas

Tiramisù alle Fragole

Para 8 racións

Aquí tes unha versión do tiramisú de amorodos que atopei nunha revista de cociña italiana. Gústame aínda máis que a variedade de café, pero prefiro as sobremesas a base de froitas de todo tipo.

O maraschino é un licor de cereixa italiano claro e lixeiramente amargo, que recibe o nome da variedade de cereixa Marascha. O marasquino está dispoñible aquí, pero podes substituír outro licor de froitas se o prefires.

3 litros de amorodos, lavados e pelados

1/2 cunca de zume de laranxa

1/4 cunca de marrasquino, crème di cassis ou licor de laranxa

1/4 cunca de azucre

1 cunca de crema batida fría ou espesa

8 onzas de mascarpone

24 savoiardi (dedos de mulleres italianas)

1.Deixa 2 cuncas das fresas máis bonitas para a decoración. Picar o resto. Nunha cunca grande, mestura os amorodos co zume de laranxa, o licor e o azucre. Deixar a temperatura ambiente durante 1 hora.

2.Mentres tanto, coloque unha cunca grande e os batedores dunha batedora eléctrica na neveira. Cando estea listo, colle o recipiente e os batidos da neveira. Verter a nata nunha cunca e bater a nata a alta velocidade ata que manteña a súa forma lixeiramente cando se levan os batedores, uns 4 minutos. Mestura suavemente o mascarpone cunha espátula flexible.

3.Fai unha capa de galletas nun prato cadrado ou redondo de 9 x 2 polgadas. Despeje a metade dos amorodos e o seu zume. Estender a metade da crema de mascarpone sobre as bagas.

4.Repita coa segunda capa de bizcocho, amorodos e nata, estendendo suavemente a nata cunha espátula. Cubra e refrigere durante 3 a 4 horas ou durante a noite para que os sabores se fusionen.

5.Xusto antes de servir, corta os amorodos restantes e colócaos en filas por riba.

bagatela italiana

Zuppa inglés

Para 10 a 12 porcións

"Sopa inglesa" é un nome estraño para esta deliciosa sobremesa. Crese que os chefs italianos tomaron prestada a idea da bagatela inglesa e engadiron toques italianos.

1Aneis de Vin Santoou 1 galleta (12 onzas) comprada na tenda, cortada en rodajas de 1/4 polgadas de grosor

1/2 cunca de marmelada de cereixa ou framboesa

11/2 cunca de ron escuro ou licor de laranxa

21/2 cuncas cada unhaCrema de chocolate e vainilla

1 cunca de nata montada ou espesa

Framboesas frescas, para decoración

Virutas de chocolate, para decoración

1.Se é necesario, prepare cremas para bolos e galletas. A continuación, mestura a marmelada e o ron nunha cunca pequena.

2.Despeje a metade da crema de vainilla no fondo dunha cunca de 3 cuartos. Coloca 1/4 rebanada de bolo por riba e unta con 1/4 da mestura de marmelada. Poñer encima a metade da crema de chocolate.

3.Facer outra capa de 1/4 de mestura de bolo e marmelada. Repita coa crema de vainilla restante, 1/4 da mestura de bolo e marmelada restante, a crema de chocolate e o resto da mestura de bolo e marmelada. Cubra ben con papel plástico e refrigere durante polo menos 3 horas a 24 horas.

4.Polo menos 20 minutos antes de servir, coloque unha cunca grande e os batedores dunha batidora eléctrica na neveira. Inmediatamente antes de servir, retire a tixela e os batidos da neveira. Verter a nata nunha cunca e bater a alta velocidade ata que manteña a súa forma lixeiramente cando se levanten os batedores, uns 4 minutos.

5.Despeje a nata sobre a bagatela. Decorar con framboesas e virutas de chocolate.

sabayon

Para 2 racións

En Italia, o zabaglione (pronunciado tsah-bahl-yo-neh; o g é silencioso) é un doce, cremoso e a base de ovos que adoita servir como tónico para arrefriados ou outras enfermidades. Con ou sen enfermidade, a sobremesa é deliciosa por si só ou como salsa para froitas ou bolos.

O zabaglione débese comer tan pronto como estea preparado ou pode colapsar. Para preparar zabaglione con antelación, consulte a receita enzabaglione frío.

3 xemas grandes

3 culleradas de azucre

3 culleradas de viño marsala ou santo seco ou doce

1. Na metade inferior dun baño maría ou unha pota de tamaño mediano, deixe ferver uns 2 polgadas de auga.

2. Na metade superior dun vapor ou nunha tixela resistente á calor que encaixa cómodamente sobre a pota, bata as xemas de ovo e o azucre cunha batedora manual eléctrica a velocidade media ata que quede suave, uns 2 minutos. Engadir marsala. Coloque a

mestura sobre auga fervendo. (Non deixe ferver a auga ou os ovos revoltos).

3.Mentres quentamos con auga fervendo, continúa batendo a mestura de ovos ata que estea de cor amarela pálida e moi esponxosa e manteña unha forma suave cando sae da batidora, de 3 a 5 minutos.

4.Verter en vasos altos e servir inmediatamente.

Zabaglione de chocolate

Zabaglione al Cioccolato

Para 4 racións

*Esta variación de zabaglione é como unha rica mousse de chocolate.
Servir quente con nata montada fría.*

3 onzas de chocolate agridoce ou semidoce, picado

1/4 cunca de crema espesa

4 xemas grandes

1/4 cunca de azucre

2 culleradas de licor de ron ou amaretto

1. Na metade inferior dun baño maría ou unha pota de tamaño mediano, deixe ferver uns 2 polgadas de auga. Combina o chocolate e a nata nunha pequena cunca resistente á calor posta sobre auga fervendo. Deixamos repousar ata que se derrita o chocolate. Mestura cunha espátula flexible ata que a mestura estea suave. Retirar do lume.

2.Na parte superior dun baño maría ou outro recipiente resistente á calor que quede sobre a pota, bata as xemas de ovo e o azucre cunha batedora manual eléctrica ata que quede suave, uns 2 minutos. Engadir ron. Coloque a mestura sobre auga fervendo. (Non deixe ferver a auga ou os ovos revoltos).

3.Bata a mestura de xemas de ovo ata que estea pálida e esponxosa e manteña unha forma suave cando sae da batidora, de 3 a 5 minutos. Retirar do lume.

4.Usando unha espátula de goma, mestura suavemente a mestura de chocolate. Servir inmediatamente.

Zabaglione frío con froitos vermellos

Zabaglione Freddo con Frutti di Bosco

Fai 6 porcións

Se non queres preparar o zabaglione xusto antes de servilo, esta versión fría é unha boa alternativa. O zabaglione arrefríase nun baño de auga con xeo e despois dobrase na nata montada. Pódese facer con ata 24 horas de antelación. Gústame servilo sobre froitas frescas ou figos maduros.

1 receita (aproximadamente 11⁄2 cuncas)sabayon

³1/4 cunca de crema batida fría ou espesa

2 culleradas de azucre en po

1 cucharada de licor de laranxa

1⁄2 cuncas de arándanos, framboesas ou unha combinación, lavadas e secas

1.Polo menos 20 minutos antes de estar listo para facer o zabaglione, coloque unha cunca grande e os batedores dunha batidora eléctrica na neveira. Encha outra cunca grande con xeo e auga.

2.Prepare o zabaglione ata o paso 3. En canto estea listo, retíreo da auga fervendo e coloque a tixela sobre auga xeada. Bata o zabaglione cun batedor ata que estea arrefriado, uns 3 minutos.

3.Retire a tixela fría e os mesturadores da neveira. Despeje a nata nun bol e bata a nata a alta velocidade ata que quede suave, uns 2 minutos. Engadir azucre en po e licor de laranxa. Bata a nata ata que estea suave cando se levanten os batedores, uns 2 minutos máis. Usando unha espátula flexible, mestura suavemente o zabaglione arrefriado. Cubra e enfríe na neveira durante polo menos 1 hora ata servir.

4.Divide as bagas entre 6 pratos de servir. Verter a crema de zabaglione arrefriada e servir inmediatamente.

marmelada de limón

Xelatina de limón

Fai 6 porcións

O zume e a raspadura de limón fan que esta sobremesa sexa lixeira e refrescante.

2 sobres de xelatina sen sabor

1 cunca de azucre

2 1/2 cuncas de auga fría

2 (2 polgadas) tiras de reladura de limón

2/3 cunca de zume de limón fresco

Rebanadas de limón e ramitas de menta, para decoración

1. Mestura xelatina e azucre nunha tixola mediana. Engade auga e reladura de limón. Cociña a lume medio, mexendo constantemente, ata que a xelatina estea completamente disolta, uns 3 minutos. (Non deixe ferver a mestura).

2. Retirar do lume e engadir o zume de limón. Despeje a mestura a través dun colador de malla fina nun molde ou cunca de 5

cuncas. Cubra e refrigere ata que se fixe, de 4 horas a toda a noite.

3. Cando estea listo para servir, enche unha cunca con auga morna e mergulla o molde na auga durante 30 segundos. Pasa un pequeno coitelo polo lado. Coloca o prato sobre os moldes e, mantelos xuntos, dálles a volta para que a xelatina se transfira ao prato. Decorar con rodajas de limón e ramas de menta.

Marmelada de ron laranxa

Gelatina Arancia al Rhum

Para 4 racións

A nata montada con cheiro a ron tamén é un bo acompañamento. O zume de laranxa vermello funciona mellor aquí.

2 sobres de xelatina sen sabor

¹1/2 cunca de azucre

¹1/2 cunca de auga fría

3 cuncas de zume de laranxa fresco

2 culleradas de ron escuro

Rebanadas de laranxa, para decoración

1.Mestura xelatina e azucre nunha tixola mediana. Engade a auga e cociña a lume medio, mexendo constantemente, ata que a xelatina estea completamente disolta, uns 3 minutos. (Non deixe ferver a mestura).

2.Retirar do lume e engadir o zume de laranxa e o ron. Despeje a mestura nun molde ou cunca de 5 cuncas. Cubra e refrigere ata que se fixe, de 4 horas a toda a noite.

3.Cando estea listo para servir, enche unha cunca con auga morna e mergulla o molde na auga durante 30 segundos. Pasa un pequeno coitelo polo lado. Coloca o prato sobre os moldes e, mantelos xuntos, dálles a volta para que a xelatina se transfira ao prato. Decorar con rodajas de laranxa.